Comienza de "0"
después del virus "COVID"

A través de quién… "Somos en realidad"

Comienza de "0"
después del virus "COVID"

A través de quién… "Somos en realidad"

Yolanda Expósito Verdejo

Copyright © 2023 Yolanda Expósito Verdejo, Todos los derechos reservados.

Ninguna parte de esta publicación podrá ser reproducida, almacenada en un sistema de recuperación o transmitido de ninguna manera ni por cualquier medio, ya sea electrónico, mecánico, mediante fotocopias o grabaciones, sin permiso previo de Hola Publishing Internacional.

Los puntos de vista y opiniones expresados en este libro pertenecen al autor y no reflejan necesariamente las políticas o la posición de Hola Publishing Internacional. Cualquier contenido proporcionado por nuestros autores es de su opinión y no tiene la intención de difamar a ninguna religión, grupo étnico, club, organización, empresa, individuo o persona.

Para solicitudes de permisos se debe escribir a la editorial, dirigido a "Atención: coordinador de permisos", a la siguiente dirección.

Hola Publishing Internacional
Eugenio Sue 79, int. 4, 11550
Ciudad de México

Primera edición, Mayo 2023
ISBN: 978-1-63765-442-2

La información contenida en este libro es estrictamente para propósitos informativos. A menos que se indique otra situación, todos los nombres, personajes, negocios, lugares, eventos e incidentes en este libro son producto de la imaginación del autor o usados de manera ficticia. Cualquier parecido con personas reales, vivas o muertas, o eventos actuales, es pura coincidencia.

Hola Publishing Internacional es una empresa de autopublicación que publica ficción y no ficción para adultos, literatura infantil, autoayuda, espiritual y libros religiosos. Continuamente nos esmeramos para ayudar a que los autores alcancen sus metas de publicación y proveer muchos servicios distintos que los ayuden a lograrlo. No publicamos libros que sean considerados política, religiosa o socialmente irrespetuosos, o libros que sean sexualmente provocativos, incluyendo erótica. Hola se reserva el derecho de rechazar la publicación de cualquier manuscrito si se considera que no se alinea con nuestros principios. ¿Tiene una idea para un libro que quisiera que consideremos para publicación? Por favor visite www.holapublishing.com para más información.

Gracias a mi gran familia y a todos mis conocidos porque todos han puesto su granito de arena, mayor o menor, para que hoy yo esté aquí frente a vosotros realizando uno de mis sueños. ¡Os quiero, chicos!, ¡todos me complementan!

Hay que compartir con todos aquellos a tu alrededor, porque todos son distintos y cada uno te ofrece algo diferente.

Y en especial doy gracias a mis padres, que son importantísimos para mí. Con ellos siempre encuentro mi "Norte", ji, ji. ¡Y, además, hoy estoy aquí por ellos, pues me dieron la vida! Gracias, papá; gracias, mamá.

Los míos me han dado mucho, me han ayudado siempre que han podido y me gustaría algún día poderlos recompensar (compartir) un poco, no sólo en cariño, eso lo hago, sino en disfrutar con ellos vivencias placenteras, ¡que no me he podido dar muchas con ellos, ji, ji!

Y también lo dedico muy muy especialmente y con mucho amor a todo aquel que sufre, por menor que sea su sufrimiento, sea cual sea su vida. El sufrimiento no debería existir, pero sin él tampoco aprenderíamos y, por consiguiente, ¡no seríamos las personas que somos hoy en día!

Gracias a todos, por aguantar el "chaparrón de la vida". Aquí estoy yo para haceros brillar el Sol.

Me he inspirado, particularmente, pensando en vosotros con todo mi corazón.

Índice

Capítulo 0
Reflexión — 15

Capítulo 1
Mi presente — 22

Capítulo 2
De niña a mujer
(defendiendo mi corazón) — 30

Capítulo 3
No supe ponerme en mi lugar — 36

Capítulo 4
Independencia o dependencia
(rejas de otro color) — 42

Capítulo 5
Bienvenida — 45

Capítulo 6
Un antes y un después — 48

Capítulo 7
Tomé las riendas de mi vida — 54

Capítulo 8
Empezando a crecer por dentro — 57

Capítulo 9
   Decepción y desconfianza en el sistema   64

Capítulo 10
   Al regreso conocido   70

Capítulo 11
   Mi despertar espiritual   72

Capítulo 12
   La otra parte de mí   79

Capítulo 13
   Viaje a lo desconocido   82

Capítulo 14
   Hundida en el pozo   85

Capítulo 15
   Salí a flote   88

Capítulo 16
   La salida   93

Capítulo 17
   Otra percepción de las cosas   100

Capítulo 18
   Reflexión de lo que nos rodea   109

Capítulo 19
   Camino hacia la vida física   114

Capítulo 20
   ¡Alguien muy dulce!   143

Capítulo 21
   Mis decisiones, sus conflictos   153

Capítulo 22
   La espera me devoraba por dentro   156

Capítulo 23
   Todo lo vivido debía servir para algo   161

Capítulo 24
   Mi padre   168

Capítulo 25
   Mi reflexión   170

Capítulo 26
   Mi sabiduría   175

Capítulo 27
   Mi verdadero camino   178

Capítulo 28
   Un destino muy... esperado   180

Capítulo 29
   Contracorriente   189

Capítulo 30
   La vuelta   194

Capítulo 31
    Destino   196

Capítulo 32
    Nueva vida   199

Capítulo 33
    Soltar amarras   203

Capítulo 34
    Renacer   205

Capítulo 35
    ¿Todo… vale?   209

Capítulo 36
    Empezando a sumar   216

Capítulo 37
    De vuelta, hija   218

Capítulo 38
    ¡Cómo llegar más allá!   222

Capítulo 39
    Independiente   225

Capítulo 40
    Ser una luciérnaga en vuestro camino   229

Capítulo 41
    Saber cómo coger la dirección correcta   231

Capítulo 42
   Salto a un nuevo sueño   234

Capítulo 43
   Camino hacia la libertad en pareja   237

Capítulo 44
   Libertad en mí misma   244

Capítulo 45
   Sueños cumplidos…
   Aladdín, parte I. Enraicé mi trabajo.   247

Capítulo 46
   Aladdín parte II.
   Las buenas situaciones buscan su lugar   256

Capítulo 47
   Aladdín, parte III.
   ¡Cuando es correcto! Dicho y hecho   260

Capítulo 48
   Aladdín, parte IV. Todo tiene un porqué   266

Capítulo 49
   Uniendo mundos   270

Capítulo 50
   Hermanas   273

Capítulo 51
   Presente   274

Capítulo 52
 ¿Enfermedad o genes heredados? 281

Capítulo 53
 Familia 284

Capítulo 0
Reflexión

¿Qué nos quedará después del virus?, ¿qué tanto habremos perdido?, ¿vidas, trabajos, cosas materiales? ¿Qué tanto daño emocional nos habrá causado? ¿Qué vida nos espera después del virus? ¿Cómo dejamos que gobierne nuestras vidas el hombre? ¿Es que no podrían depender nuestras vidas de nuestras decisiones? ¿Qué podríamos cambiar ante esta situación? ¿Podríamos vivir de otra forma, de acuerdo con nuestros pensamientos, y ser felices al mismo tiempo y tened lo que necesitamos? ¿Qué podemos cambiar? ¿Qué no conocemos o conocemos poco? ¿Podríamos hacerlo? ¿Podríamos estar más prevenidos si alguna vez llega otra cosa, algo que no dependa de nosotros, pero que nos cause daño (virus, crisis económicas, etcétera)? ¡Por qué las decisiones de los demás nos hacen perder tanto!

Podríamos conocer los enredos que nos guarda la vida y no sabemos o, en verdad, leemos de forma distinta a la que es en realidad.

En realidad, no es buscar una verdad, verdad hay en muchas partes, pero en realidad no funciona ni somos más felices ni tenemos lo que necesitamos la mayoría. Todo es un crecimiento y depende de nosotros avanzar.

¿Por qué seguimos llevando una vida que en realidad nos supone tantas pérdidas? Porque es la que conocemos, la que nos inculcan desde pequeños. ¿Por qué todos debemos permanecer en el mismo rebaño? Si sobresales o haces cosas distintas, ya eres distinto y te miran diferente. Eso, en verdad, con el tiempo ha ido evolucionando un poco, pero no lo debidamente…

En este libro trataré de explicaros desde mi punto de vista cómo leo la vida a través de mis ojos y cómo la vivo. También les explicaré mis experiencias con los últimos acontecimientos ocurridos, ya que viví en estos últimos años dos acontecimientos muy graves en nuestra sociedad: una crisis económica y el virus COVID-19.

Espero poder ayudaros un poco más a vivir esta vida tan difícil; más para unos que para otros. Siempre debemos pensar que hay gente peor que nosotros. También tiene mucho que ver el trabajo que cada uno ha venido a realizar, porque de eso dependerá mucho sus experiencias vividas. ¡Nuestra capacidad de aprendizaje, valor de cambiar, lo que no nos gusta, o daña, nos hará más felices!

Tenemos elección, los caminos los elegimos nosotros. El aprendizaje está en elegir, en equivocarnos, en valorar todo aquello que nos rodea, en ser valientes e ir hacia adelante, a veces a lo desconocido, pero puede ser mucho mejor que lo anterior y te puede dar a conocer partes de ti que ni conocías, sorprendentemente.

Después del virus, seguramente, habremos perdido cosas con mayor o menor valor, unos más que otros. Es momento de pensar en realidad cómo quisiéramos que fueran nuestras vidas, si llevamos el camino correcto o el camino nos lleva a nosotros, ya que, si nos hacemos estas preguntas, es porque hemos superado el virus de momento. Otros no han tenido esa oportunidad, pero nosotros sí, así que "démonosla".

Muchos de vosotros habrán perdido trabajos, y en algunos sitios quizás se pueda volver, pero en otros no será posible, no por las personas, sino por la situación que nos lleva por delante. Algunos podrán agarrar alguna ayuda, pero otros no. Muchos no tendrán ni para pagar sus viviendas, comida, luz, agua, gas, "todo lo esencial". ¡Ninguna persona debe pasar por esta situación, y menos cuando no la busca! No somos nosotros los qué "no queremos pagar", sino la situación que los "mandatarios" nos han creado. A pesar de ello, salimos perdiendo. Eso no debe ocurrir nunca.

Sé que, emocionalmente, no lo habréis pasado muy bien, unos más que otros, porque también depende del lugar en que la vida nos haya posicionado, el trabajo, la familia, la vivienda, etc.; porque no es lo mismo un trabajo sin mucha responsabilidad al trabajo que nuestros sanitarios están haciendo por encima de ellos mismos, con tantas cosas necesarias, necesitan y no tienen y toman decisiones muy difíciles que, al igual en otros casos, no la hubieran tenido que tomar. Por consiguiente, su estado emocional se habrá agudizado más que el de otros, aunque depende de cada uno.

Ha sido muy duro y difícil lo que ha pasado, ver tantas criaturas morir y no ser capaz de hacer más o decidir cómo distribuye el equipo médico lo que tiene. En fin, ahora las cosas van un poquito mejor y seguro que lo superaremos pronto y encontraremos la vacuna.

Ahora dependerá de nosotros que después de este caos que hemos pasado, poquito a poco, vayamos recuperándonos. Si necesitamos buscar ayuda, busquemos en los ámbitos que necesitemos, ¡sin vergüenzas y sin "no conozco" o "no creo"!

Nosotros, como humanos, llevamos una vida generalizada y gobernada por nuestra sociedad, ¿y ya nos quedamos ahí? No, deberíamos… Al contrario, deberíamos conocer otras opciones que nos ofrece la vida; no le damos la importancia que tiene.

A pesar de ello, el hombre se tiene que regir como humano en la sociedad, con sus leyes, que para eso las tenemos, y ser una buena persona en nuestra sociedad.

Con un poquito de cada uno se podrían mover montañas; esa parte ya la tenemos y debemos conservarla. Y no es eso a lo que me refiero, sino a abrir nuestra mente a lo que no se ve, pero sí está. Con nuestra evolución, esto no es algo que os pille de nuevas, pues lo habréis escuchado, habréis leído libros, conocido a gente, etcétera. Hoy en día, hay muchas terapias alternativas que ya lo ejercen. Simplemente (Energía), y ya cada cual, lo ejerza, ¡como le vaya bien, siempre que sea ayudar al prójimo!

¿Hemos pensado alguna vez que nuestras vidas pudieran depender de nosotros mismos?, ¿que nuestras decisiones fueran definitivamente posibles?, ¿tanto que nuestra vida la construyéramos nosotros mismos? Pues sí, así es, ¡a través de nuestras decisiones! Pero, claro, hay que ganárselo, como todo en esta vida. El esfuerzo merece su recompensa. Sobre todo, ¡tened un gran valor para el cambio!

Esto es como el que siembra y recoge, algo así, aunque aquí nadie nos da ni permiso ni se nos critica si lo hacemos mejor o peor ni nos llevan las cuentas, o sea, ningún control. Nadie nos coacciona a pensar lo que no queremos, no hay terceras personas ni dimes ni diretes; no son cosas que cuentan y hay que creerlas porque sí, porque otras personas las dicen.

Tú frente a la vida y nadie más; vivirás en primera persona tus experiencias y serás tu propio juez, ¡valorando tu vida! Simplemente, es vida (energía), y allá cada cual el cómo quiera utilizarla para su propia vida; nomás aprovechemos todo lo que se nos ha dado de otra manera. En cuanto a energía, funcionemos de distinta manera para obtener cambios; eso está ahí, al alcance de la mano.

Yo creo que, en verdad, si dejáis entrar en vuestras vidas esta propuesta que os hago, quizás, podríais cambiarlas… Sólo para mejorarlas, claro está. Estaría bien conocer otras circunstancias distintas de vosotros mismos; ¡os podría sorprender de qué sois capaces!

¿Cómo creéis que pudieran ser vuestras vidas si hacéis un camino de libertad de vosotros mismos y lo que pensáis, sin dañar al prójimo, claro está, y debajo de nuestras leyes del hombre, evidentemente? Pero, a la vez, vais haciendo vuestro camino con vuestros pensamientos, aquellos que sí os hacen felices, para ir consiguiendo aquello que vayáis necesitando por el camino.

Sería maravilloso, ¿verdad? ¡Pues está en vuestras manos ir cambiando todo aquello que os daña! Necesitáis bien poco para lograrlo. ¡Quieran cambiar, tened valor para poder hacerlo, crean en vosotros mismos, que al menos podréis intentarlo! ¡Crean en el mundo que os podréis construir, según vuestras necesidades, para así ser más felices!

Claro está, tengáis vuestras metas hacía donde se dirijan. No olvidéis que el mundo que os construyáis debe estar dentro del mundo en el que ya vivimos, el de todos; tienen que ir en coordinación. Todos tenemos que convivir y aceptarnos.

Si aprendemos a utilizar lo que se nos ha dado, como la vida misma, y vamos en coordinación con ella, seguro que nuestras vidas serán mejores. Y, si alguna vez llegase otro colapso así, o de otro tipo, que no dependa de nosotros, seguramente pudiera irnos mejor. Y si en este caso nos ha pillado muy de lleno, es posible que la próxima vez nos pille más de refilón y perdamos muchas menos cosas, porque las cosas cuando ocurren es por algo, sólo hay que darse cuenta de porqué ocurrió para cambiar aquello que nos interfiere.

Yo puedo hablaros de esta vivencia de ahora, personalmente, y cómo la llevo. Me considero una persona normal, como todo el mundo, con su vida personales y sus propios problemas o situaciones. Para mí, esta es la segunda crisis, porque también pasé la económica; luego os la cuento.

Capítulo 1
Mi presente

Hay que pensar que estamos en el mes de abril, a finales, en el año 2020. No se ha acabado con el virus, pero seguramente se hará pronto, o al menos hay que pensar que den pronto con la vacuna. El verano se acerca y el calor, esperemos, dañará al virus y lo hará más vulnerable, hasta extinguirse.

Trabajo de limpieza (señora de hogar), como todos en confinamiento, pero sólo he estado este mes de abril. Decidí aprovechar el tiempo y empezar a escribir.

Sólo salía los sábados a trabajar porque tengo una señora (dependiente) que necesita de mí para hacer las cosas. Ahora, este mes de mayo, ya podré trabajar normalmente. De momento, no nos digan lo contrario.

He estado en plena libertad de dejar mi trabajo cuando comenzó la enfermedad, con autorización de mis jefas, porque ellas mismas me dieron la libertad de poder hacerlo, si así yo lo decidía. Y mira que una de mis jefas es enfermera, pero de ambulatorio. Seguí yendo a mi trabajo hasta que se pudo.

Miedo, como todo el mundo, he tenido un poco con la reciente llegada de la enfermedad, pero más por los míos que por mí, y eso que yo pudiera haber estado en un foco de contagio. Como ya he dicho, una de mis jefas es enfermera, pero nosotras nos cuidábamos, según la normativa que había, para no contagiarnos, claro está. ¡Como ya he dicho, pasé un poco de miedo!, mas lo llamaría nerviosismo.

Al principio, mi situación con mi familia era un poco complicada, pues nosotros veníamos de algo ya malo que estábamos pasando, como a mucha otra gente le ocurre, ¡o peor! Mi familia y yo llevábamos desde el otoño con mi padre enfermo. Le diagnosticaron leucemia así de repente. Desde el verano, él se empezó a encontrar más chafado y empezaba a tener anemia. Mi padre es un hombre muy activo, le gusta mucho el campo, salir con su bici y hacer muchos… kilómetros uff… Eso no lo hago ni yo, y él tiene 65 años. En fin, nosotros estábamos con todo esto y la verdad es que su enfermedad había ido muy rápido. Pasaron 6 meses y tuvieron que hacerle la quimio, y justo entonces empezaron los casos de COVID. Pasamos de estar con él todos los días a no poder verlo para no contagiarlo, como todo el mundo que tiene sus enfermos en hospitales o como los que se han ido solos; muy triste, pero eso es peor.

Hoy en día, mi padre está por tener un trasplante, sigue con quimio y estamos esperando su trasplante, que seguramente llegará pronto (año 2020).

Cuando os he hablado de miedo ante esta situación, claro, está mi padre pasando esto tan malo, una leucemia aguda, para que ahora se lo lleve un virus. Él salió del hospital después de casi tres meses y aún no lo he abrazado; lo he visto un par de veces y por el balcón. Lo que trato de deciros con esto es que el miedo es una limitación y que es normal sentirlo, pero hay que controlarlo porque, si no, nos puede, y lo que estamos haciendo es perder un tiempo que nos podría ofrecer otras cosas mejores.

Cuando yo comprendí que mi padre tenía una segunda oportunidad en la vida, ningún virus me iba a decir que se me iba a marchar, y así dejé de sufrir por él… ¡Aunque al principio pensé que se me iba!

Al igual que supe por qué se enfermó, es cuestionable, claro que sí, más adelante, en otros libros, entraré más en estos temas.

Ya sabéis que el cuerpo se enferma por algo, y ese algo somos nosotros mismos y nuestras vivencias, el cómo las vivamos, pero eso es otro capítulo, ji, ji.

Y de mí, pues lo mismo: sé a dónde quiero llegar en la vida y tengo mucho que hacer. Mi trabajo no se ha terminado.

Estoy sanita, aunque en primavera me ahogo mucho con el polen, sólo si lo limpio en abundancia; hoy en día, en mi trabajo, en los patios que tengo off, hay mucho. La respiración emocional era lo que me preocupaba, pero, a pesar de eso, aún no me había puesto a escribir, y eso tenía que hacerlo, pues entendí que el virus no me iba a parar y enfermarse sería algo leve.

Entiendo la vida de otra manera y, cuando llego al propósito de por qué ocurre, puedo determinar las cosas. Eso no significa que para ello no sufra, sólo es por menor tiempo; depende de las situaciones el que sea lo más leve, posible. No significa que no duela, sólo es con menor intensidad.

Lo de mi padre es una de las peores cosas que me han ocurrido en la vida. Ver cómo poco a poco se iba... Lo he pasado mal, claro que sí. Me costó sacar una sonrisa. Pero tengo responsabilidades, como cualquier persona: trabajo, pareja, una hija, ayudar a mi madre y darle a él lo mejor de mí, que a veces era difícil...

Si no hubiera ido saltando los obstáculos que nos pone la vida para irnos superando y aprender, hoy en día no estaría frente a vosotros escribiendo mis vivencias. ¡Esto sí es uno de mis sueños hecho realidad! Así intento ayudaros en lo que pueda y, sobre todo, tratar de que os deis cuenta de todo lo que tenemos y no disfrutamos.

Tratemos de entender la vida de otra manera y, ¿por qué no?, darnos la oportunidad de ser más dichosos. Si es posible, ¿por qué no hacerlo? No tenemos nada que perder, pero sí mucho por ganar, ji, ji.

Además de estas situaciones que os he ido contando, sobre mi vivencia personal con la familia, está la mía propia…, ¡mi casa!

Como ya os había dicho, al trabajo volví en mayo, sí, pero yo no había cobrado en un mes. Económicamente, no me había afectado porque tenía unos ahorros pequeños. Por primera vez iba bien económicamente. Trabajo mucho, pero tengo pocos gastos.

Tengo una niña de 19 años que está estudiando y mi pareja ahora vive conmigo. Él está parado desde ya hace algunos meses, antes de que entrara el virus. Por lo cual, económicamente, pues no he pasado dificultad. A pesar de tener a mi pareja en casa y parado, he podido ayudarle. Nada que ver con la otra crisis que luego os contaré.

No pago alquiler, vivo en un piso de mi abuela que me dejó mi familia para mi niña y para mí, pero tampoco os creáis que es mío o de mi familia. El bloque lo construyó un tío mío con una constructora y le dio un piso a mi abuela; la constructora hizo una deuda y el bloque está adeudado. Ahora, esperamos que un día llegue el banco y ya veremos qué pasará. Muchos de los inquilinos son propietarios y otros pagan alquiler. Cualquier día, supongo, nos sacarán de aquí o nos darán un alquiler social. Por eso yo no pago nada, pues el piso era de mi abuela. En fin, por este motivo tengo pocos gastos y no me afecta demasiado o casi nada económicamente; ha mejorado a la otra crisis que pasemos. Claro está, exceptuando que no tenemos libertad para salir, y eso sí que lo echo de menos. Es un piso chiquitito donde entra poco Sol.

Por eso os comento mi situación actual, para que veáis, ha mejorado a la anterior. Hoy en día tengo lo necesario para vivir y siempre hay comida en la nevera. Tengo 46 años y no logré esto hasta hace un año; se dice pronto, ji, ji. Para mí es lo máximo todo aquello que humildemente necesito y tengo (ahora).

Para mí el camino ha sido muy largo, pero para vosotros puede ser más corto, porque yo lo he recorrido para hacerlo más corto para vosotros. Eso sí, poco a poco vamos consiguiendo cosas, pero, claro, ganándoselas uno mismo. Somos nosotros quienes abriremos el camino, nadie más.

Si no funcionamos bien, no pretenderemos que las cosas funcionen. Por poner un ejemplo: un coche puede estar impecable y no funcionar simplemente porque no se le echó gasolina; es un decir. Eso es lo que debemos conseguir: funcionar lo mejor posible con la vida misma, pero empezando desde dentro.

Y disfrutad del camino así nos venga, pues vamos hacia adelante, a mejor, no a peor. Debéis de tenerlo en cuenta: es difícil tomar decisiones. Evidentemente, ¡da miedo saltar!, ¡claro! Pero si vas con conocimiento de causa, no da tanto miedo.

El cambio es difícil, pero luego te alegras. Es esa línea tan fina la que hay que cruzar. Luego no sufres; el sufrimiento persistes mientras tomas la decisión. Que el tiempo trascurra depende de ti.

Ves los logros, en mi caso, y te das cuenta de que valió la pena atreverse al cambio. Entonces pienso: "¿Por qué no lo hice antes?". No han venido a contármelo ni lo he escuchado por ahí ni leído, yo lo he vivido en persona, por lo cual ha pasado por mí. Puedo creerlo, y así os lo quiero explicar; juzguen vosotros mismos.

Ya explicada, hasta el día de hoy, mi experiencia con el virus y hasta dónde me ha llevado la vida; mejor dicho, dónde he querido que me llevara la vida, porque soy yo quien ha tomado las decisiones para hacer mi futuro, para bien o para mal…

Y ahora volveremos a mi pasado, que desde allí empecé a coger las riendas de mi vida y mi futuro actual, que yo me he creado con mis decisiones y vivencias. ¡Lo mío me ha costado! ¿Lo averiguamos?

¡Bueno, chicos!, abrochaos el cinturón, que vienen curvas, ji, ji.

Intentaré explicaros mis vivencias para qué veáis la progresión de las cosas y así podáis valorar vosotros mismos y coged lo que necesitéis.

Nunca pensé que tuviera que explicar mi vida; uff, con lo tímida que he sido y lo poco que me gustaba que los demás supieran de mis cosas. Al decir "demás" me refiero a gente que no conozco, pero... cómo ha cambiado, el cuento.

Si que, vosotros conozcáis, os ayuda, pues... bienvenido sea.

Capítulo 2

De niña a mujer
(defendiendo mi corazón)

Empezaré. en mi adolescencia. Era una chica normal muy tímida. Tengo tres hermanas y a mis padres. Mi familia es muy grande. Mis abuelos tienen unos 7 hijos y los otros de la otra parte de la familia tienen 12.

Mis padres son los mayores. Ellos son andaluces; casi toda mi familia. Yo nací en Barcelona, pero a los 5 años me fui a Andalucía y volví a Barcelona a los 12. Mi padre vio oportuno el regresar para ofrecernos una vida mejor.

Mi adolescencia fue normal y, como en todas las casas, se cocían habas. Y con tres hermanas había peleíllas por limpiar la casa, por las ropas… Vamos, lo normal, aunque siempre me llevé mejor con una hermana, que con otra.

A los 16 años dejé de estudiar. No encontraba algo que me llenara y me puse a trabajar, en una fábrica, y allí conocí a mi marido y padre de mi hija. Hoy en día es mi "ex".

Mis padres vieron oportuno regalarme una moto para ir al trabajo y ser más independiente, ya que estaba lejos; porque al principio siempre me llevaba mi padre... ¡Pobrete, qué madrugón se daba!

Mi padre es un hombre con mucho carácter y eso me ha repercutido muchísimo, en lo bueno y en lo malo. Es muy buena persona, muy trabajador y quiere muchísimo a mi madre; es un hombre de su casa y lucha para que a los suyos no les falte de nada. En casa se decía: "Aquí se hace lo que digo yo" o "Cuando seas padre comerás huevos". Eran las normas que había en casa, sí o sí, y no se podían dialogar ni cambiar, aunque aquellas decisiones te hicieran daño. Él opinaba así; era el padre y tenía total decisión sobre nosotras. Veía que nuestra educación era por nuestro bien; algunas cosas sí, pero otras, creo, no.

Es difícil ser padres y no venimos enseñados, por eso también cuenta la opinión de los hijos. Creo que seríamos un conjunto perfecto si ambos nos ayudáramos a sentirnos bien, como padres y como hijos. Si pudiéramos escucharnos y ceder el uno con el otro, pensar que los hijos son una evolución superior, que algo bueno tendrán para ofrecer a la relación, aunque la experiencia sea un grado. Aunque nada que ver con lo que hay hoy en día, ¡sin respeto, sin valores!, ¡uff!

Continúo con mi historia… Yo, por ejemplo, no supe lo que era salir un finde con mi novio hasta una semana antes de casarme, y entre semana nada de salir. Sin embargo, mis hermanas no han tenido que pasar por eso; soy la mayor de las tres…, ji, ji.

Yo crecí muy limitada; imagínate, con su carácter. Yo le tenía miedo y mucho respeto por cómo era. Eso sí, queriéndolo muchísimo. No sabía hacerlo de otra forma. Él con una mirada ya me decía lo que tenía que hacer.

No guardo malos recuerdos de mi niñez. Hemos sido niñas muy protegidas, cuidadas y nos han querido mucho. Tuve una niñez muy bonita, aún más siendo mi abuelo pastor; nos juntábamos tantos y siempre en cortijos disfruté mucho.

Yo, como ya he dicho, era muy tímida, pero desde siempre en el colegio me acuerdo de que, si salía a la pizarra, hasta lloraba de vergüenza, y cuando mis padres me regalaban algo y estaban todos cerca por mí igual me ponía a llorar de la propia vergüenza. ¡Qué tonta, ji, ji! Eso me llevó a ir creciendo hacía adentro, en vez de hacía afuera, por así decirlo. Todo lo que había en mi interior, creciendo, lo guardaba; me costaba irlo desarrollando. En cuanto a mi personalidad exterior, me sentía cohibida en muchos aspectos, tanto en casa como fuera, en el trabajo, con la gente y en muchas vivencias de mi vida. Valía mucho y me quería poco, no por quien era, sino por cómo desarrollaba mi personalidad, y no porque lo dijera yo, pues me lo decían todos (valía) los que me querían, ji, ji.

En casa también se me quería, claro, aunque mi padre lo mostraba de otra forma, por eso yo me sentía así. Él siempre me decía que era tonta, y no en personalidad, sino por mi corazón. No tenía maldad y era muy dulce. Cuando yo le explicaba cosas normales que viví y que ocurren en la calle, el trabajo, en fin, lo normal, siempre, siempre, me decía: "Tonta, así no lo hagas", "¡Cuidado, te engañan!", "¡Se aprovechan de ti!", "¡Ponte en tu sitio!". Me conocía y sabía que yo me fiaba de la gente al cien por ciento, mientras que no me mostraran lo contrario, y daba lo que tenía siempre que pudiera. Él trataba de ponerme en preaviso y hacerme fuerte ante la vida.

Supongo que, como cualquier padre que ha vivido sus experiencias con la gente, mi padre ha tenido pocos amigos y con la familia, "regulin", como en todas las casas, con unos mejor que con otros, ji, ji.

A mi padre no le gusta que le mientan, que vayan a lo suyo cuando se necesitan, que abusen de uno o que te llamen sólo para pedirte favores. Muy honorable por mi padre pensar así, pues a mí tampoco me gustaría. Pero yo, al contrario que él, opté por aceptar a la gente como era; si no querían cambiar, o no sabían cómo, ¡qué íbamos hacer! ¡Ojo! Durante unos años yo también chocaba con la gente, como mi padre, y pensaba en por qué las personas eran así, pero eso me hacía encerrarme a mí misma y no me gustaba, ya que me hacía infeliz. No podía mostrarme como era en realidad, entonces pensé que los demás no me iban a limitar de esa manera.

Cambié de pensamiento, no quería ser como mi padre: encerrado en sí mismo. Tenía tanta razón, pero no era la forma.

Con el paso de los años, poco a poco, me fui abriendo más y más a los "demás". Por supuesto, iba superando mis miedos y limitaciones, unos que tenía y otros que yo me ponía. Yo no me quería cerrar a las personas porque fueran más egoístas, fueran más a lo suyo, te utilizaran, que es lo que suelen hacer algunas personas; ya sabéis…, "algunos".

Entonces…, ¿nos comportamos como los demás? Pues "no". ¿Entonces dónde estaría la diferencia? El comportamiento de los demás "no" nos tiene que hacer o cambiar. No debemos perdernos a nosotros mismos por los "demás", ese sí es el trabajo de los demás. Sé que es un poco complicado, pero debe hacerse. Pensad que el trabajo está en nosotros y en todo aquello nos rodea, y superado esto desaparece la gente complicada. ¡Ellos están para eso! Yo decidí intentar sobrellevarlos, que me hicieran el menos daño posible y decir… sí a la vida. Aun así, mi padre me seguía diciendo que era demasiado buena. Mi corazón lo era.

¿Por qué tenía yo que cambiar mi corazón? Y encima encerradita dentro de mí. ¡Pues no! No dejo que los demás me cambien porque me gusta como soy y me voy bien tranquila a mi cama, con mi conciencia.

Hoy en día estoy contenta de haber aprendido bastante cómo cuidar de mi corazón, no dejando que entren personas que no se lo merezcan; pero sí puedo tratarlos con educación y respeto y, así, a la vez, seguir siendo yo la que quiero "ser". ¿Cómo lo he conseguido? Con mi evolución, os iré narrando mi historia…

Capítulo 3
No supe ponerme en mi lugar

Como ya os he comentado, conocí a mi marido a los 16 años en mi primer trabajo, en una fábrica. Él tenía 18. Trabajaba y estudiaba, costeándomelo, pero también dejé Administración; no me llenaba.

Mis padres me regalaron una moto pequeña; así pude ser más independiente y me encantaba. La tuve por 10 años, hasta que me quedé "embarazada", ji, ji.

Recuerdo a mi abuelo. Él tenía una moto igual y a veces íbamos juntos, cada uno en la suya. Era genial. Lo echo tanto de menos… Era una gran persona, aunque tenía su carácter también, ji, ji. Pero era muy querido por todos y nos hacía mucho reír; parecía un niño. ¡Qué aventuras hemos vivido con él! ¡Yo adoraba a mi abuelo!

Con el tiempo, mi padre fue conociendo facetas de él mismo que no le gustaban mucho (pareja). Mi padre, tan correcto, tan antiguo, es un hombre al que le gusta tener todo bien; es trabajador y un hombre de su casa, ni bares ni nada; la verdad es que le chocaban mucho.

Yo me encontraba entre la espada y la pared. A veces tenía uno razón y otras, el otro, a mi parecer.

A mis 17 años quise irme de casa, pero no pude. No me veía ni viviendo con novio ni sola, y ningún familiar quiso enfrentarse a mi padre, o sea que no me ayudaron. Creyeron que así lo ayudaban a él, pero a mí me fastidiaron más. Yo seguí teniendo más problemas y me rebelaba ante la situación de hacer siempre lo que él quisiera. Así estaría yo, pensando que debía darme más libertad, ji, ji. Fue la primera y la única vez que me rebelé contra él. Aún no sé cómo pude hacerlo ni de dónde saqué el valor. En esas edades qué atrevidos somos, ji, ji.

A todos nos toca pasar por ello. Ejemplo: "entre semana no se sale de casa". ¿Por qué? "¿No se duerme fuera de casa ningún día?", "a tal hora en casa…", uff. "Estás castigada…" Ahora me rio, ji, ji, pero a esas edades no hace gracia. Yo también lo he tenido que hacer con la mía, no hay de otra, ji, ji.

Aparte de mis conflictos familiares, como en cualquier casa, mi adolescencia iba bien, divirtiéndome con mi familia, hermanas, tíos/as (eran cercanos a mi edad) y con mis amigos. Tuve mucha suerte de encontrarme con buenas personas y con que tenía novio de tan jovencita. Nunca supe lo que era volar sola y eso me hacía depender más de él, lo hacíamos casi todo juntos porque así veíamos la relación.

Cuando tenía 19 años me ocurrió un suceso desagradable en uno de mis trabajos: sufrí acoso sexual, y ahí estuvieron mis padres, dando la cara por mí. Por aquel entonces ya tenía novio: el papá de mi hija. No le dejé inmiscuirse porque a veces a los hombres se les pueden ir las manos... y la persona de mi trabajo sólo me acosaba verbalmente, aunque cada vez que podía me llevaba a su despacho simplemente para tenerme cerca. Tuve suerte de que era pacífico. Nunca cedí a sus chantajes emocionales; me daba igual perder mi trabajo. Cuando las cosas se pusieron color hormiga, decidí marcharme. No valía la pena estar mal y que algún día pasara algo peor.

Uno también tiene que darse cuenta de cuándo debe salir de ciertas circunstancias para no empeorarlas, al menos así lo veo yo. Y me encantaba mi trabajo, era de electrónica. Tenía 19 o 20 añitos.

A mis 21 añitos, un tío mío me pidió que si, por favor, le firmaba un préstamo de avalista. A mí esas cosas no me hacían gracia, pero le hacía falta y lo hice. Confiaba en él. Para mí, él era como un hermano; tenía un año más que yo. Como ya dije, éramos muchos y tuve tíos cercanos a mi edad; parecían mis hermanos, ji, ji. Con deciros que la pequeña de mi abuela era cuatro meses menor que yo. Madre e hija se juntaron embarazadas, ji, ji.

Mi madre y mi abuela siempre han estado cerca una de la otra. Mi madre es la mayor de 12 hermanos y para los pequeños ella era su segunda mami, y para mí los pequeños eran como hermanos. Por eso cuando mi tío me pidió el favor no me pude negar.

Se suponía que era poco dinero para comprarse un coche. Cuando fuimos a firmar, un amigo suyo sería el titular y yo la avalista, ¡y cuál fue mi sorpresa cuando vi que el importe solicitado había subido algo más! No me había comentado nada. Cuando se firmó, nos dijeron a ambos que ya estaba el dinero en efectivo para recogerlo cuando quisiéramos. Mi tío estaba allí y, por no dejarle mal, me callé. Luego le pedí explicaciones.

Él pidió más dinero porque le habían vendido el otro coche (o algo así), y cuando le pregunté fue raro que me hubiera hablado a mí el señor del banco como si fuera una beneficiaria; me dijo que, por favor, mirase que estuviese todo correcto. Él me contestó: "Claro, no te preocupes". Y así quedamos. Según él, todo estaba bien y correcto… ¡Una porra! Tonta, ¡no!

Lo siguiente, por ser tan confiada e intentar de ayudar cuando se me necesita y educada para no dejarle mal ante otros.

Qué razón tenía mi padre, pero ¿cómo atar en corto ese corazón? ¡No podía! Pero es que encima pecaba de inocente. No me gusta llamar la atención a otros ni herirlos. Vamos, lo tenía todo a mi favor para que me ocurrieran estas cosas y más.

Era una niña sin maldad alguna, responsable, estudiosa, con trabajo, pero ante la vida... debía aprender por mi cuenta a defenderme en la vida y conseguir estar de acuerdo con mis actos y mi corazón y que ello me hiciera "feliz". Y eso... fue complicado; necesité tiempo (años) para encontrar el equilibrio de las cosas, ¡para así poder sentirme bien conmigo misma, fuera cual fuera la situación!

En lo sucesivo, me estaba preparando para mi boda (tenía 21 añitos). Estábamos arreglando el piso de arriba, de abajo y hasta instalación de luz habíamos comprado. Lo dejamos precioso; lo nuestro nos costó.

Y, al tiempo, me entero ahora, no recuerdo cómo..., que ese préstamo que pidió mi tío no se estaba pagando. El amigo suyo, que puso de titular, le iba sacando el dinero que metía para pagarlo... Uff. O sea que se cabreó y dejó de pagar, en vez de buscar otra solución, lo cual él sabía que me iba a perjudicar a mí. Y cuál fue mi sorpresa cuando yo indagué... ¡Yo también era titular! ¡Madre mía! Si me dijeron avalista...

Fui a buscarlo. Me cabreé muchísimo con él por haberme engañado. Él comentó que no sabía, que lo arreglaría el banco, que así saldría la operación mejor, que él me puso de avalista. ¡Una porra! Yo también era titular. Dijo que no pagaba y que no quería que esta persona cargara con la deuda. Imaginaos... Qué disgusto.

Fue un tiempo, luego se le pasó y, cuando podía, ingresaba. Pero, claro, eso iba para adelante. Se había acumulado un dinero (grande) sin pagar, y yo a punto de casarme. Qué disgusto. Vaya, empezar de vida de "deudora".

Claro, con el tiempo, me metieron en el (rae).

A mí me dolió mucho que manchara mi nombre.

Capítulo 4

Independencia o dependencia (rejas de otro color)

Y a mis 22 añitos me casé. Ya tenía mi libertad, ji, ji, pero no de mí misma.

Aproximadamente a los dos años de casarnos, tuvimos que vender el piso. El préstamo de mi tío seguía de mal en peor… y vendrían a quitarme lo que tenía… Qué disgusto. Con todo lo que trabajamos y lo bonito que lo habíamos dejado.

Por mucho que le dijera a mi tío, él decía que hacía lo que podía. Y, claro, todos esos intereses… ¡Cómo iba a ponerse al día! Seguramente tardaría. ¡Intentaba tener paciencia!, ¡no me quedaba otra! Pero a veces me enzarzaba con él discutiendo y tampoco conseguía nada. Pasarlo, yo peor, y que un día de verdad dejara de pagar lo poco que daba. ¡Qué malísima situación!, ¡otros dueños de mi vida!

Mi marido y yo llegamos a una solución, dentro de lo que podíamos hacer. Por las circunstancias, nos compramos otro piso y lo pusimos sólo a nombre de mi marido, evidentemente. Así tuve este problema durante 10 años. ¡Tuve que aprender a vivir con él! Que se dice pronto, pero no supe o no pude terminar con él antes.

No por eso dejaba de haber problemas entre mi padre y mi marido; no se llevaban. Yo, con tal de que no hubiera discusiones, callaba todo, aunque tampoco podía defender mucho; acordaos del carácter de mi padre. Yo mejor callaba. No tenía valor para contestar lo contrario. Esa situación me podía y me entristecía, pues quería a ambos. Entendía a mi padre, así como lo que no le gustaba y no veía correcto, y también lo entendía a él, a quien no le gustaba que mi padre se metiera en nuestra vida de esa manera (comprensible). Pero yo aún no era capaz de frenar a mi padre, o sea que tenía doble problema, el uno por el otro.

No por ello mi matrimonio, era mejor. Teníamos problemas. Evidentemente, la situación familiar era complicada, pero la personal en casa también afectaba. A mi marido le gustaba beber, no para estar borracho, aunque a veces pues sí se le subía. Bebía sus cervezas y en salidas algún cubata, lo cual muchas veces le ponía agresivo (verbalmente) ante la situación familiar y otras vivencias. Él ya era así cuando yo lo conocí, de ahí nuestras peleíllas. Además, tenía un vicio bien escondido: jugaba a las máquinas (tragaperras), lo cual le hacía mentir mucho y gastar dinero. Era normal que mi padre se cabreara, aunque lo de las tragaperras no lo sabía yo, pero lo intuía porque había muchos gastos no demostrados. Sólo lo hacía de vez en cuando, decía mi marido. Yo lo veía, a veces, y se la echaba conmigo, pero no sé, era poco… Nunca me confirmó que fuera más. Lo haría a mis espaldas, evidentemente, pero los gastos no eran normales. Por ello, mi madre me tenía que ayudar a llegar a final de mes, cada mes; ¡que se dice pronto!

Yo era tonta, no lo siguiente, aunque dudaba y le creía aquello me dijera porque, además, me hacía sentir mal por no creerle e inventaba cada cosa… ¡Le creía! Creo que yo tampoco quería ver; era mi marido e igual lo hacía de vez en cuando. Anda que, si me pilla ahora, lo mando… ¡a freír monos!

¿A veis qué razón tenía mi padre? Había cosas en mi marido que no le gustaban. También había cosas buenas en él, por supuesto: era trabajador, me quería mucho, era un buen padre y se portaba bien con la gente de su alrededor. Todo a su manera, evidentemente, pues guardaba rencor y tenía soberbia, y eso conmigo no iba.

Capítulo 5

Bienvenida

Pero, a pesar de ello, yo lo quería mucho a mi marido. y la vida iba siguiendo su curso. Decidimos ir a buscar un hijo. Yo por aquel entonces (26 añitos) trabajaba en una fábrica de electrónica que me encanta y me iban hacer fija. Guay. Ojo, cuando supieron de mi embarazo me empezaron a tratar mal. No querían mujeres embarazadas; ya no me harían fija. Pasaron los meses y, claro, una en el embarazo está muy con las emociones a flor de piel. Me afectaba mucho lo que me decían, y más si lo hacían a propósito. Pensé en mi bebé y que él, en este caso ella, estuviera bien. Y cogí la baja… Tenía motivos.

Llegó la hora del despido y me aconsejaban que se podía luchar mi vuelta; por ley no podían hacerlo, estaba embarazada.

¿A mí de qué me iba a servir tener trabajo, si no me querían allí y me iban a tratar mal?, ¿y encima en mi estado? Decidí no luchar por ese puesto de trabajo. Ya saldría otro donde estuviera mejor o me valoraran más.

Y disfruté los meses restantes de embarazo en casa. De igual manera, cobraba. Pude enlazar una cosa con la otra, y cómo me dio ciática los últimos meses fue mucho reposo el que me hicieron hacer.

A mis 26 años tuve a mi hija. Uff, qué parto. Fui al hospital con aguas rotas y me dijeron que me fuera a casa, que no había sitio, que volviera más tarde, aun habiéndome mirado y una de ellas decir por debajo que la niña podría sufrir. ¿Cómo?

Mi madre me llevó a otro hospital, increíble y allí nació mi *baby* preciosa. Uff, el parto se me complicó; traía el cordón umbilical enganchado al cuello y me ayudaron a sacármela. El caso es que me tuvieron que poner oxígeno y eso dio lugar a que no la dieran cuando nació. Sentí un vacío tan grande y tardaron tanto en dármela que eso me marcó y siempre tuve esa sensación. ¡Necesitaba llenar ese momento!

Mi madre siempre estaba conmigo y me ayudaba en el cuidado de mi hija.

Con los años, más problemas. Ahora era como el padre (marido) hablaba o regañaba a la niña. Claro, ya mi padre era abuelo y ellos suelen malcriarlos, ji, ji, en fin.

Y encima él (marido) con su problema, el cual me llevó a la desesperación, al sufrimiento, a cambiar mi carácter, volverme más agresiva, discutir, llorar mucho y dolerme el pecho de puro sufrimiento, pero en casa. Fuera siempre intentaba tener una sonrisa.

Lo convencí, ahora que teníamos a la nena, de que, si tenía un problema, fuéramos a buscar soluciones. Mi marido fue a terapia y parecía que llevaba mejor lo de ser ludópata, porque tenía esta enfermedad. Teníamos algunos problemas y él se refugiaba ahí, pero se ve que siempre lo hizo, hasta cuando estaba soltero. Yo, en vez de dejarlo, seguía con él; era el padre de mi hija y, además, lo quería. Tampoco nunca me vino de cara ni nunca pude ver el grosor de la situación. Me la escondía. Lo único que sé es que siempre faltaba economía en casa. ¡Hay que ver qué tontos somos cuándo estamos enamorados!

Así fue hasta que mi niña cumplió 5 añitos. Él mejoró y creo que dejó de hacerlo porque fuimos un poco mejor.

Capítulo 6

Un antes y un después

¡A mis 29 años tuve un accidente!, ¡me cambió la vida! Ya no estaba bien para seguir trabajando en lo que yo había hecho siempre: fábricas. Eso más todos los demás problemas que tenía; ni podía solucionar ni podía enfrentarlos. Necesitaba un cambio en mi vida, no podía más.

Yo no estaba bien emocionalmente y mi paciencia con las cosas había mermado. Y mira que tengo una paciencia que… ¡Para qué! El accidente había cambiado mi forma de vivir, de trabajar, etc. Estaba tan limitada…

Al fin, exploté. No quería seguir así, cada vez peor. Harta estaba ya de llevar mi carro de sufrimiento y de qué la vida me llevara a mí a donde ella quisiese y a los demás también. ¿Dónde estaba yo? Por favor, era mi vida y pareciera que viviera la vida de cualquier otro con tanto entenderlos, tenerles paciencia, quererlos, respetarlos y … ¿Y yo?, ¿dónde estaba yo?

Necesitaba vivir mi propia vida y ser más independiente. Tenía 30 años, ¿cuándo lo haría si no?, y más después de lo ocurrido.

Y así llegué a la conclusión de cambiar de vida y que todos lo necesitábamos.

No me sentía bien conmigo misma. Necesitaba tranquilidad, y más yo, que no me gustan los malos rollos; para mi hija, que quería algo mejor: no estar presenciando siempre al abuelo y a papá discutir por tonterías. La educaría yo, a mi manera y, además, al igual. Era bueno también para mi matrimonio.

Como ya he comentado, tuve un accidente. Estaba llegando a casa e iba con mi hija en el coche, ella tendría unos 2 años y medio. Aparqué el coche; estaba desabrochando el asiento de atrás de mi hija y tenía la puerta abierta, pero me la eché encima para que los coches pudieran pasar. Y…, uff, pasó uno a toda velocidad, le dio un golpe a la puerta y me aplastó entre el coche y la puerta, que me pilló todo el trasero y la cintura.

Sentí un dolor tan agudo que me eché como pude detrás, con mi niña, esperando que alguien me socorriera. Pensé que me desangraba por la velocidad a la que iba mi sangre. Para mí, fue un tiempo interminable; creí me quedaba ahí y mi hija, sola; hasta… que alguien me vio y se paró, porque el de la furgoneta no paró.

Fue a buscarme una ambulancia y con mi niña me fui al hospital. Me ayudaron a avisar a mi familia y se portaron muy bien conmigo. Llegué al hospital en silla de ruedas, con mi niña encima de mí y con un dolor súper agudo. ¡Imaginaos! Pues ni por esas me hicieron entrar al momento. Estuve esperando hasta que llegó mi familia y metió mano. Vergonzoso el cómo tratan a las personas ante dolor y, por consecuencia, sufrimiento. Era horrible, pero eso ya lo sabéis mucha gente enferma, y hay pocos sanitarios. Así va el sistema. Pero, leche, por el dolor exagerado nadie debería esperar. ¡Debemos enfermarnos lo menos posible!

Estuve unos meses en casa de mi madre porque no podía cuidar de mi hija ni moverme, casi. Me habían partido el musculo del cachete derecho, por poco me quedo inválida, pero no sucedió. Menos mal. Mi trasero parecía un globo hinchado... Bueno, y así, poco a poco, fui mejorando, pero poco...

En ese tiempo, estaba ya muy "satura" de tantas cosas y, un día, una tía mía me habló de una chica que me podría ayudar a sentirme mejor emocionalmente. Ella iba y le gustaba. Yo estaba un poco tocada, tenía una niña pequeña que cuidar y yo así. Para que os hagáis una idea: ni doblarme podía. Recogía las cosas con un recogedor. ¿Echarme para atrás y apoyar mi espalda? Ni de coña. Y además cojita y con mucho dolor, si me tocaba o forzaba mi cintura. Mi trasero seguía hinchado y mi madre me ayudaba en lo que podía, ¡como siempre!

Decidí probar a ver si aquella chica de la que me habló mi tía podía ayudarme, y mira que yo era reacia a estas cosas, ji, ji. Anda y que lo diga yo para que veáis lo que podemos llegar a cambiar.

Fui durante un tiempo, pero era como lavarte la cara y que se te vuelva a ensuciar. Sus terapias no me llevaban a ningún sitio y tampoco veía correcto cómo lo hacía con las vidas de la gente que se suponía que ayudaba; o sea que dejé de ir.

Aunque las personas intenten ayudarnos, debemos tener juicio propio sobre si es adecuado o no para nosotros.

Su consejo era: si no puedes con lo que tienes, ¡márchate! Muy mal consejo, pienso yo, pero en el momento en que me llegó, lo necesitaba. Un cambio, un descanso, un respiro, otra cosa... Si fuera sido yo... Diría: No hay que huir de los problemas, sino enfrentarlos, superarlos y deshacerlos, si es posible. Al menos hay que intentarlo.

Con el tiempo, supimos que esa chica atraía a la gente como para formar una gran familia... ¡Ya podéis imaginaros cómo se le llamaría a eso! Y mi tía seguía dentro; poco a poco, la chica la fue retirando de nosotros, su familia. Por más que quisimos hacerla ver, ella no quiso verlo. Dejó de hablarnos y de vernos, hasta a mí, que siempre nos llevemos bien. Nosotros éramos su familia.

Mejor o peor, la familia te conoce y te quiere, a su manera. Todos debemos aceptarnos como somos, esa es la forma de nunca perderte tu origen.

Con los que te lleves mejor debes estar más tiempo, y con los que te lleves peor debes estar menos tiempo. Y siempre habrá aquel con el que nunca hablas… para algunos, no todos, con excepciones, evidentemente; depende de la vida de cada uno. Es mi humilde opinión, yo lo veo así.

Con deciros que, pasados los años, mi tía siguió igual, o peor. Mi abuela enfermó y no fue a verla al hospital, y eso que fuimos a buscarla, explicándole que nos salíamos todos de la habitación, que no la íbamos a molestar, ¡que su madre pedía verla! Ni por esas. Su madre falleció y tampoco fue al entierro. Ellas siempre se habían llevado bien, qué lavado de cabeza debieron de hacerle para esto.

Yo pienso que allá cada uno con sus acciones, si su conciencia está tranquila. Ella es madre, ya se verá. Espero que sepa vivir con lo que hizo. Sin embargo, nuestras acciones tienen consecuencias, y he de deciros que ella no era mala persona, sino que estaba totalmente influenciada, por lo visto.

Nosotros sufrimos mucho viendo a mi abuela con ganas de ver a su hija, por mal que se llevasen, que no era el caso. ¡No merecía marchar así!

Por favor, tened cuidado de dónde os metéis; que os ayuden de verdad; que vayáis hacia adelante y siendo mejores personas, sobre todo con vosotros mismos. Porque así, a la vez, lo seréis con los demás hasta sin proponéroslo. Genial.

No pueden utilizaros para beneficio propio y haceros adictos a qué siempre los necesitéis. Deben mostraros vuestras herramientas para que vosotros mismos, podáis funcionar.

Es normal que, si alguien está muy mal en un momento dado de la vida, vaya a algún especialista o alguien que le pueda ayudar, si así lo necesitase. Estamos para ayudar, no para apropiarnos de la vida de nadie. Debemos ser individuos con voluntad propia. ¡Que nadie os quite vuestra identidad!

Después de un año de recuperación, seguía coja y con el mismo dolor en el mismo lugar del primer día, un poco más bajito, pero el mismo. ¡Cómo era esto posible!, ¿verdad? Y eso que me tiré el mismo tiempo yendo a recuperación del seguro.

Me hablaron de un hombre que era masajista y tenía gracia (sanador). Fui y, divinamente, salí caminando normal. ¡Había hecho una terapia de un año en un día! Me comentó el hombre que sería muy doloroso. Genial, aunque, uff, fue muy doloroso; qué razón tenía, pues hasta la camilla se movió, ji, ji. Tenía los tendones hechos una masa y no me habían dado ni masajes.

Ya sabéis, cuando os ocurran cosas y la seguridad social no os las solucionen, por favor, acudir a otra clase de terapias; os pueden ayudar, no os abandonéis. ¡Yo así mejoré bastante!

Capítulo 7
Tomé las riendas de mi vida

Y así, después de todo lo sucedido, cada vez peor, decidí tomar (coger) las riendas de mi vida; necesitábamos un cambio y era ya, sí o sí. Y así me armé de valor y lo hicimos. Al menos intentarlo; me merecía esa oportunidad. Ya estaba bien de vivir en círculo y cada vez me hacía más profundo mi pozo.

No penséis que siempre vamos hacia adelante, porque no es así. Y, claro, vamos mermando y el desglose de las cosas empeora, hasta saltar a otra evolución.

Ya cuando tomé la decisión, empezaron a moverse las cosas de manera distinta. No me iba a ir con lo de mi tío a mis espaldas para comprar otra vivienda a nombre de mi marido. Debíamos solucionar el problema, o al menos intentarlo. Lo de mi tío "se arregló" porque él consiguió un buen pellizco de dinero y quitó mi deuda. Eso sí, la mía, no la del amigo. Le costó, pero como fue con dinero en mano y sabía moverse y negociar, lo aceptaron.

¡Ahora sí era el momento! Ya podría comprarme algo a mi nombre. Al fin solucionado. Qué liberación. A veces hace falta tomar decisiones, por muy difíciles que éstas sean, para cambiar las cosas. Mira dónde estaba la salida, ji, ji. Anda que, si lo hubiera sabido… ¿Verdad?

Y así decidí, tan harta que estaba de todo, marcharme, aunque lo que estaba haciendo era huir ante las situaciones que no podía enfrentar; tampoco era el momento.

Pensé frenar a mi padre, pero… ¿cómo? Yo quería hacerlo, pero no podía. Y como podía no quería… Pensé que sería una falta de respeto. Era una cosa u otra y con ambas no me sentiría bien; debía encontrar el equilibrio. ¡Eso era un largo camino, pero debía hacerlo!

Siempre he intentado respetar a mis padres y quererlos por encima de mí misma. No me gusta hacer daño para sentirme yo mejor, aunque, como todo el mundo, también me equivoco. Y sé que mucho de mi malestar era por cómo me enfrentaba las cosas. Gracias a mi madurez, he podido encontrar las palabras que sí puedo decir sin ofenderlos y vivir la vida como yo creo que he de vivirla, para mí. Aunque ellos pusieron pegas, me gané su respeto.

Decidimos vender el piso e irnos a vivir a Tarragona. Cuando se lo dije a mi familia no les gustó en absoluto. ¡Tan lejos! Ya ves, 1 hora de camino. Nos decidimos por aquel lugar porque anteriormente estuvimos de *camping* por allí una temporada y nos gustó mucho la zona; sería como estar siempre de vacaciones, ji, ji. En aquel *camping* también conocimos a una pareja mayor que nosotros, muy buenas personas que en un futuro serían nuestros amigos.

Me hubiera ido más lejos, pero no quise por mi familia. Necesitaba espacio, pues mi familia era muy protectora y esto se les iba de las manos. ¡Yo lo que necesitaba era ¡volar!, ser más independiente. Era mi primera decisión fuerte que mi padre no aprobaba, ¡pero yo estaba decidida a cambiar mi vida! Tenía 31 años cuando me marché (mudé), ahí empezaba mi camino para cambiar cosas.

Y así lo hicimos. Nos compremos una casa y estuvimos 7 años viviendo en Tarragona. Yo, de mientras, me iba recuperando, tanto físicamente como emocionalmente. Era encantador el lugar, tranquilo y la casita era preciosa. ¡Ya ves! A mi niña le encantó y disfrutaba mucho de los patios y la piscina en verano, aunque ella también echaba mucho de menos a su familia. Mi niña tenía 5 añitos al mudarnos.

Empezando a crecer por dentro

Así empecé a vivir de manera más independiente por primera vez, a pesar de llevar ya años casada.

Con una fuerza de espíritu brutal, no sentía ataduras a mi alrededor; podía caminar e iba hacia adelante, ji, ji. Eso me llevó a ir creciendo más rápidamente e irme haciendo sitio en la vida para poder expandirme fuera de mí sin sentirme cohibida. Los problemas que tenía allí, cerca de mi familia, se quedaron atrás. Mi marido también dejó atrás su problema y económicamente íbamos mejor, además de dejarnos algún dinero para el piso para poder ayudarnos y así yo también recuperarme un poco de mi accidente, hasta ser capaz de trabajar.

Era una vida totalmente diferente, solos los tres en un pueblecito pequeño, costero y precioso: Roda de Bará.

Como ya os comenté, yo vengo de una familia muy grande y mis amigos, que me he ido haciendo en el camino, son de toda la vida. Yo en mi círculo ya estaba bien y no necesitaba conocer a gente. Claro, ahora estaban todos lejos y me tuve que abrir a la gente. Yo no tenía mucha costumbre en eso. Fue un crecimiento para mí el abrirme tanto a gente desconocida. Eran majos.

Empecé a un buscar trabajo (un año después) con el que pudiera cuidar a mi nena. Mi marido ya iba trabajando en lo suyo: construcción. Me metí en la limpieza, así podía llevar a mi hija al cole y recogerla. Ahora no podía trabajar en cualquier cosa, pues no podía coger un peso fuerte ni agacharme como quisiera; tenía limitaciones (accidente).

Encontré un par de casas, muy majas las dos chicas que ahí vivían. En una de ellas hasta cuidaba a su niño; iba cada día y podía llevarme a mi hija; ella me ayudaba mucho a entretener al niño.

Conocí gente buena, sobre todo dos mujeres mayores que podían ser mi madre. Una de ellas me ayudaba con la cría, a veces para el cole, y otra era mi vecina. Era majísima toda la familia (ambas familias).

Parecía que la vida me estaba dando vivencias más bonitas y agradables para mí. ¡Ya tocaba! Había empezado a ganármelo.

Tuve vivencias muy bonitas con ellas y vi que a esa edad ya no importan ciertas cosas y dónde veía grupos de ¡a ver quién viste mejor!, o ¡quién es más guapa!, ya sabéis a veces tanta mujer junta, es así, "algunas" para qué lo vamos a negar, ji, ji. Yo me sentía súper a gusto con ellas y aprendía de ellas.

Me gusta hablar con todo el mundo, indistintamente de su edad.

Hoy en día sigo teniendo relación con ellos. A mi gente intento llevármela para adelante, aunque los vea menos, pero para mí cuentan, siguen en mi vida, aunque sea a distancia, y hablo de vez en cuando con ellos. No me gusta que la gente pase por mi vida sin ninguna trascendencia; ¡sí la tuvieron en su momento! Me traje un gran cariño de gente muy querida por mí allí.

Y la vida fue marchando, la niña creciendo y nuestro matrimonio mejoró un poco. Los problemas de allá tenían menor frecuencia acá. Mi marido era muy rencoroso y, eso a la larga, te va dañando. De igual manera, no me sentía bien conmigo misma al no enfrentar aquello; me dañaba, lo tapaba, no quería ver, lo cual también haría daño en mi matrimonio.

El tiempo fue pasando, subíamos a ver a mi gente y ellos bajaban. Uff.

A veces había malestar entre mi padre y marido. Yo pasaba un mal rato, sin saber cuándo saltaría la liebre, ji, ji. Y así íbamos, pero ya de vez en cuando.

Pasaron 2 años y cómo estaba más, tranquila, me fui abriendo a la vida y sentí, que podía hacer otras cosas.

Era más receptiva a las cosas y empecé a eructar así, porque sí. Y mira que eso era una cosa que no aguantaba cuando lo hacían así porque así. Ea, me tocó... resignación, ji, ji.

Tenía 33 años y me fui abriendo a la espiritualidad, sanaba con mis manos y veía a través de ellas cuando sanaba. Yo no la busqué, yo no me formé (estudios), era parte de mí y al evolucionar "despertó"; siempre me lo habían dicho las personas curanderas que me había encontrado por el camino; mi familia es muy creyente y alguna persona conocíamos. Mi corazón así lo decía, pero yo no veía cómo hacerlo hasta que desperté este lado. Siempre había tenido vocación de ayudar a las personas, ¡y qué mejor que así!

Intenté formarme lo más posible para ayudar más completamente a las personas. Siempre sufrí mucho con el sufrimiento ajeno. Y cuál fue mi desespero que, cuando quería apuntarme a algo, no podía, y cuando podía, no sé qué pasaba... Los cursos o estaban empezados o no los repetían. Eran pueblecitos pequeños y no se daba tanto todo esto. ¡Qué casualidad!, ¿no? Igual y sería mejor aprender de mí que de otros. La vida me llevaba a eso. Bueno, de igual forma, fui creciendo en mi rollo (como yo veía las cosas y así me venían).

Todo lo que me estaba pasando no me ayudaba mucho en mi relación, aunque a mi marido siempre le pareció bien que ayudara. Aquello me llevaba mucho de mí y necesitaba más espacio y tiempo para dedicarme a otros malestares que antes no tenía. ¡Quería quitar tanto malestar a los demás que me lo llevaba yo! Ji, ji. Me hacía muy feliz poner mi granito de arena y ayudar todo lo que pudiese. Al fin llegó la parte de mí que me faltaba.

Empecé a vivir la vida como yo quería (como la veía), aunque tenía muchas limitaciones, aun en pareja y asuntos familiares (cosas no concluidas en mí). Pasé de un extremo a otro, lo cual no es nada bueno. Si antes me hablaban como querían (que para ellos era normal), me refiero a familiarmente, porque a la gente de la calle nunca se lo consentiría, ahora no soportaba ni a una mosca. Y, claro, eso no me ayudaba a sentirme mejor, pero sí, al menos, en que me tuvieran más en cuenta.

Con mi hermana mediana me llevaba "regulín", pero ahora peor, pues ella veía las cosas a través de sus ojos y nada más. Pero, qué va, pocas veces nos poníamos de acuerdo. Tuve que dejarle de hablar porque me dañaba. Y me dolió mucho hacerlo, es mi hermana y la quiero, pero yo no sabía llevar esa situación y me podía más el verla que no verla. También tenemos nuestros momentos bonitos vividos, de pequeñas, y muchas cosas compartidas. De grandes nos hemos ido juntas con nuestras respectivas parejas a muchos sitios. Al llevarnos poco tiempo, sólo 4 años, hemos hecho bastantes cosas juntas. Y la quiero, es mi hermana, ¡me hable o no!

A veces no es querer tratarse, sino poder hacerlo, y también depende mucho de las vivencias de cada uno, por dónde esté pasando, si cuesta más o cuesta menos. Y eso es respetable; tengámoslo en cuenta.

A veces tenemos que tomar decisiones que no nos gustan, pero se han de hacer. Tiempo al tiempo…

Así estuvimos un año, hasta que enfermó de los nervios (se le juntaron problemas). Decidí verla e intentarlo de nuevo. El pasado no importaba, sólo el presente.

Mi madre la había consentido mucho y de pequeña se enfermaba bastante, y de grande, a veces, se tomaba mal las cosas que se le decían.

Con el tiempo, la cosa fue un poco mejor. Yo me tomaba las cosas de otra manera e intentaba entender su forma de ver las cosas. La veía menos y nos respetábamos nuestras formas de vivir, así evitábamos futuros conflictos.

Mi vida continuaba. Nos gustaba mucho vivir en Tarragona. Evidentemente, echaba de menos a los míos, pero tenía mucha libertad. El verano tenía más aliciente y muchísima gente, pero los inviernos no eran así y yo venía de una ciudad, jo. Tristeza sí había mucha, pues siempre había estado rodeada de los míos y muy sobreprotegida; estar tan solita era nuevo para mí y sentía a los míos muy lejos. ¡Veis que la sobreprotección con los hijos no es buena! Pero debía aprender a vivir así; eso me hizo más fuerte y autónoma.

Iba enfrentando lo que iba surgiendo en el camino de otra manera, más madura y rápida, y ello me hacía estar más feliz conmigo misma. Las miras con que veía la vida, las situaciones, etc., se me ampliaron; ya no les daba la misma importancia. Evolucioné. Hasta mi cuerpo, debido a mi accidente, no bloqueaba mi energía y eso me daba más fluidez de movimiento y también lo trabajaba, esforzándome.

El dolor es una limitación y a veces hay que irlo saltando para superarlo con cabeza, poco a poco. Nuestras emociones también agudizan el dolor o lo obstaculizan. La energía debe regarse lo mejor posible por nuestro cuerpo, es nuestra fluidez de oxígeno, como la sangre.

No se me puede apretar esa zona, me resiento, pero por lo demás bastante bien.

Hasta conseguí, un año atrás, volver a trabajar en fábricas y todo, ji, ji. Mi esfuerzo valió la pena. Era muy joven para estar así, tan limitada y al margen. Como iba evolucionando, esto me llevó a esta gran sorpresa.

Si no hubiera empezado a luchar por mi vida, a luchar por mis propias injusticias, seguramente, ¡no me hubiera puesto bien! Porque para desenredar algo se ha de avanzar, si no, seguiremos obstruyendo (deterioro). Tenedlo en cuenta.

Capítulo 9

Decepción y desconfianza en el sistema

Llegó una crisis que nos pilló de lleno en el 2008, la inmobiliaria (construcción), la económica. Allí lo perdimos todo: nuestra casa, un embarazo de pocas faltas, el matrimonio y la dignidad como personas. Estaremos marcados para siempre y metidos en el rae (los que tienen deudas).

Continúo con mi historia. Cuando nos compramos la casa dimos un dinero por la venta de nuestro piso, pero, claro, no era suficiente e hicimos una hipoteca. No necesitamos ningún aval; menos mal. Empezaron a ir las cosas mal y yo avisé a mi director del banco que pudiéramos quedarnos sin trabajo para intentar buscar soluciones antes de ir a mayores.

En aquel entonces, mi marido trabajaba en la rama de la construcción; en verdad, siempre se dedicó a lo mismo.

Mi trabajo era el de la limpieza, cuidar de mi hija y tenerla que llevar al cole, lo que me cuadraba mejor los horarios. Y como tuve aquel accidente ya no me podía dedicar a lo mismo de antes (fábricas).

Llegó el día en que mi marido se fue quedando sin trabajo. Empezamos a deber dinero. Yo estuve, un año antes, intentando que el director del banco me solucionara el problema, y nada, de alguna forma para parar la hipoteca un tiempo y pagar sólo intereses... ¡No sé!, ¡algo! Para que no dejara de pagarla y no perderla. Además, para no convertirme en una deudora. Nosotros no teníamos culpa, ¡era la situación! Y yo buscaba soluciones a lo que se nos venía encima.

Nos quedamos sólo con lo que yo trabajaba. También fui perdiendo casas (trabajo). Iba sólo una vez a la semana y así estuvimos un tiempo, hasta que mi marido pudo acogerse a la ayuda. Evidentemente, ya no se podía pagar hipoteca, sino los suministros y comer poco más (que a veces ni eso).

Contraté un abogado de pago con ayuda de un familiar, pensando que así me ayudaría más. ¡Me equivoqué! Fue todo mal. Tasamos la casa y valía más de lo que debía, pero el del banco era un hueso duro de roer; él quería que nuestros padres nos avalasen para así poder pillarles sus viviendas... Más de dónde quitar, por si acaso. "Perdona" vaya geta y malas personas. Evidentemente, dijimos no. ¡El banco, ya tendría que tener suficiente con nuestra casa!

Por aquel entonces me quedé embarazada. La presión que aquel director me daba, y todo por lo que estábamos pasando con la casa, hizo que perdiera mi embarazo. ¡También nos trató de vagos! Porque, según él, tendríamos miedo de firmar esto nuevo, porque no éramos personas de buscarnos la vida; vamos, ¡que no queríamos trabajar! Esto a pesar de haberle dado nuestra vida laboral, siempre trabajando, menos mis bajas, embarazo y accidente. Somos los dos personas muy trabajadoras.

A mí, eso me dolió, pues no me conocía. ¿Cómo íbamos a consentir que nuestros padres se quedaran sin hogar para salvar el nuestro? No dependía de nosotros, no estaba en nuestras manos el trabajar, sino en las de otros que nos dieran trabajo. La cosa pintaba mal, ¡estábamos en una crisis! A nosotros nunca nos faltó trabajo (antes). ¡Y una hipoteca es por mucho tiempo! ¿Cómo otras personas van a decidir si mi familia tiene o no tiene hogar? ¡Estamos locos! ¡Con lo que ellos habrán pasado para tener su vivienda! Me lo han hecho a mí, pero a los míos no, ¡y menos por nosotros! ¡Ni hablar!

Este "señor", por llamarle de alguna manera, nos arruinó la vida, supongo que como a tantos otros les pasó. Fuimos de los primeros cuando empezó todo esto. Yo escuchaba otros casos y hacían la dación en pago, aunque no siempre. Nosotros lo intentemos y, a pesar de tener requisitos para ello, ¡no lo conseguimos! Hicimos la tasación de la casa nuevamente y valía más que la hipoteca que nos quedaba, y ni por esas.

Mi abogado hizo lo que pudo, y nada. Claro, mientras tanto, el tiempo transcurría desfavorablemente para nosotros; más deuda y más intereses. No aceptaron la dación en pago.

Estuvimos 3 años así, que se dice pronto, sin pagar, con trámites, y nada se consiguió. Pero a mí esa situación me destrozaba, no me gustaba deber nada a nadie y no querían la casa, entonces la deuda era mayor. ¿Y ahora qué?

Salió la sentencia. El banco se quedó mi casa. Ya sabía que la perdería, pero ya me había hecho a la idea. Estaba deseando que se acabará este martirio de igual forma. Lo malo fue que encima nos quedemos con deuda. ¡Sí, así fue! La casa me había costado unos 40 millones de pesetas; dimos 10 de nuestro piso e hicimos una hipoteca de 30. Había pasado tres años pagándola y otros 3 años sin pagar. Nos había subido casi el doble. Todo ese tiempo en trámites…

¡Ojo! ¿Cómo puede ser eso posible? Debíamos 50 millones de pesetas y encima no teníamos casa. Se suponía que, tarde o temprano, vendrían a pedirnos las llaves y a echarnos. Podíamos habernos quedado allí hasta que nos echaran, pero yo no vivía en paz. Ya no era mi casa. Yo estaba deseando que se acabara todo esto para marchar allí. Sólo sufría.

No esperé. Tenía que volver, a pesar de que tanteamos la opción de quedarnos por los alrededores. Mi corazón me dio un vuelco, pues supe que tenía que volver. Cuando tuve este sentimiento y lo sentí, estábamos aún con procedimientos de la casa; tres años.

Al tomar la decisión de volver a Sabadell, de dónde vine, de seguida todo se coordinó nuevamente, y fue así. El juicio salió y al fin podía moverme de allí. La casa me sujetaba hasta tomar la decisión adecuada. ¡Fíjate, tú, si lo llego a saber antes...! Ya no podía luchar más por mi casa, perdí... Lo que ganaba era tranquilidad de no seguir luchando a contracorriente y para que no sirviera.

Perdimos mucho por el camino. La casa sigue estando sola, con intentos de ocuparla; así va el sistema, porque ellos manejan el dinero.

¡Nos sentimos impotentes ante esta situación! ¡Media vida trabajando para que vengan estos personajes y nos lo quiten todo! ¡No dependía de nosotros! Somos trabajadores, pero si no nos dan trabajo porque viene una crisis, ¡qué culpa tenemos! ¿Por qué salimos perdiendo? No debería ser así. Deberíamos, ir todos a una... El problema es de todos, aunque no afecta por igual. Esto no es sálvese quien pueda, señores. Vaya justicia tenemos, en la que ellos no pierden. A ellos no les va de un plato de comida o que les corten los suministros por no poder afrontarlos y pierdan cosas importantes, unos más que otros, que ya nunca podrán recuperar. ¡Y qué decir de echar a una familia a la calle! Porque yo aún tengo familia, pero hay gente que ni eso.

Todos no nos tomamos las cosas de igual forma y hay gente que hasta vidas ha perdido. No sigo porque me da muy mala ostia cómo funciona todo. Los que tienen el poder se ve que tienen las leyes a su favor; quizás en el mundo físico, porque en el mundo etérico (energía) no va así. Menos mal. Ahí no hay injusticias ni nadie que decida por nosotros. Simplemente, tenemos lo que nos ganamos luchando con nuestro esfuerzo, eso sí es de agradecer. Basta de darme con un bloque de hormigón y no poder romperlo, ji, ji.

Lo pasé mal, a pesar de llevarlo lo mejor posible, y vine muy rebelde ante tanta injusticia que se podía haber hecho diferente. Por eso, después de perderlo todo, cambié mi forma de pensar. Otro aprendizaje hecho.

Me dolió mucho. ¡Sufrimos mucho!, ¡ya no más! No iba a dejar que los demás llevaran mi vida y decidieran si me alimento o si puedo tener un techo o vestir a mi hija. Pasé por muchas, muchas, calamidades por ellos, y supongo que, como muchos de vosotros, otros estarían peor. Y tampoco es que los servicios sociales ayudaban mucho.

Así, en lo sucesivo, empecé a cambiar cosas. Se cerró un ciclo de mi vida y entendí cómo se movía la vida física y cómo debía actuar ante ella.

Estaba muy enfadada con el sistema y eso me ayudó a sacar coraje para seguir adelante. Sabía cómo quería vivir la vida, y no iba a ser confiando en ellos (sistema). Debía conseguir las cosas por mí misma y con mi esfuerzo.

Me lo quitaron todo.

Capítulo 10

Al regreso conocido

Regresé al lugar donde vivía antes en el año 2012. Mi hermana pequeña y mi cuñado, con sus dos hijos, nos ofrecieron su casa; apretaos, pero agradecidos. ¡Teníamos techo!

Agradezco mucho que mi hermana me ayudase. Ella tiene un gran corazón y para mí es mi chiquitina; es la pequeña, me lleva 6 años y la quiero muchísimo; ¡es una gran madre! La adoro por eso. Evidentemente, mi cuñado es una gran persona, ¡y también un gran padre!

Busqué ayuda de los servicios sociales, como en viviendas de protección familiar. Mi marido aún cobraba la ayuda y buscábamos dónde podríamos vivir. Nada podíamos hacer; según ellos, no podían ayudarnos. ¡Madre mía!

Pasó un tiempo y pudimos encontrar trabajo, yo poco, limpiando casas. Pero seguíamos sin poder alquilarnos nada (pedían mucho), hasta que aquel tío mío, recordáis que me metió en aquel lío del banco, me echó una mano y me ayudó. Yo acepté muy agradecida. Él no es rencoroso ni yo. Alquilamos un piso que él tenía y así estuvimos como un año, hasta que nos divorciamos.

Ya en Tarragona, estando más tranquila, empecé abrirme más a mis dones, por así decirlo, a ser más espiritual, a conectar más con todo (energéticamente). Y al llegar donde vivía anteriormente (Sabadell), donde me encontraba ahora, de golpe se me abrió todo; entendía de muchísimas cosas, veía todo energéticamente, conectaba con todo … Uff, era una pasada, pero a mi vida familiar le afectaba.

Yo ya no me sentía bien llevando la vida que llevaba, aguantando aquello que me hacía daño. Necesitaba más estar por mí. Sabía cómo quería vivir, pero mi vida no estaba en coordinación con mis pensamientos, con mis vivencias.

Después de un año de estar de nuevo entre los míos (familia), era más de lo mismo. En mi vida matrimonial igual era muy grande lo que me venía encima y necesitaba paz, mucha paz, no tanto disgusto por los demás.

Capítulo 11

Mi despertar espiritual

Fue una decisión durísima separarme de mi marido. Yo lo quería y habíamos estado muchísimos años juntos. A pesar de malos momentos, había muchísimos buenos. Él era un gran apoyo para mí. Pensé que siempre estaríamos juntos; yo no veía la vida sin él, hasta que desperté y mi espiritualidad me estaba esperando (debía hacer mi trabajo). Decidí cambiar todo aquello que me hiciera daño, lo que anteriormente no había hecho en su totalidad. ¡Ahora debía enfrentarme a ello, si no, no podría seguir! A empezar a moverme de forma distinta por la vida.

Era un tiempo en el que necesitaba mucho para mí, y así lo hice. Me separé, me costó mucho, pues yo lo quería, pero no era suficiente. Supongo que el daño que te hacen va mermando ese amor y, además, con lo que me estaba ocurriendo, no hacía bien a mi relación. Estuvimos 23 años "juntos".

Venía un cambio importantísimo para mí, por eso había vuelto; aquí estaba mi cambio y yo no podía hacer otra cosa. Las circunstancias me llevaron a tomar esa dura decisión. Era mi camino y debía hacerlo. Por eso perdí todo (seguro), pues no estaban las cosas bien asentadas y llegamos juntos hasta el final de mi camino físico, por así decirlo.

Aquello fue parte de mi aprendizaje, duro, sí, pero necesario. Si no, ¿cómo hubiera llegado a abrirme en mi totalidad, aprender a defenderme en la vida de manera distinta (consiguiendo cosas) y conocer esta parte de mí que no sabía existía? Yo aún no estaba completa. Ahora empezaba en serio mi camino (espiritual). Me faltaba ese lado de mí. ¡Lo de Tarragona era una memez (simple) en comparación con esto! Hasta a mí me venía grande.

Él no lo entendió y me dio guerra. Pensé que, como éramos tan buenos amigos en el matrimonio, pudiéramos serlo fuera de él. Pues me equivoqué. Me dolió por mi hija. «Tanto había esperado por ella», pensé. Le quitaba algo importante: su padre…, pero debía hacerlo, si no, no podría coger mi camino. ¡Y cuál fue mi sorpresa cuando sin él se quedó por culpa suya!, ¡con el tiempo la abandonó! Increíble, ¿verdad?

Como dije anteriormente, vivíamos en un piso de alquiler de un tío mío. Mi marido se marchó de casa y yo me quedé con mi hija de 13 añitos en el 2013. Tenía yo 39 años cuando me separé

Mis vecinos, que sólo tenía uno, eran un matrimonio. Él era un hombre de antaño muy machista y tenía mal carácter. Cuando podía, me llamaba la atención por cualquier cosa: una puerta mal cerrada, basura en el rellano, donde a veces la pones un momento para recoger algo que se te ha olvidado y luego sales y la tiras, en fin, parecía que iba a por mí. Y cómo yo no estaba de humor de aguantar a nadie, pues le contestaba. Él prefería a mujeres sumisas que no le rechistaran, pero yo había dejado de serlo, ya estaba bien. Mi padre, mi marido y ahora otro a la porra. Eso sí, cada uno en su contexto. A mi vecino le molestaba que, verbalmente y con educación, no pudiera callarme. Uff, una mujer le estaba poniendo el punto en la i; no lo soportaba.

Nosotros, cuando cogimos ese piso, sabíamos que mi tío ya tenía problemas con el banco, pero de mientras estábamos ahí y pagábamos nuestro alquiler, como cualquier hijo de vecino, claro, a mi tío.

Al irse mi marido, el contrato estaba a su nombre. Le dije a mi tío que, por favor, cambiase el contrato a mi nombre, pero no quiso. Le dije que a partir de ahora me quedaría yo y le pagaría. ¿Sabéis qué me respondió? Que no, que su mujer no se fiaba porque yo no tenía contrato de trabajo, y éramos familia, y no vaya a ser que no le pagara cuando encima el piso ya no era ni suyo, sino del banco (en trámites), por no pagar, fuera cual fuera su motivo. ¿Y yo, sola con mi niña, a dónde iba a ir? Ganaba bien un sueldo limpiando (empleada del hogar) y no lo aceptaba. Las casas no ofrecen contrato, a no ser que sean muchas horas y a los dueños les vaya bien. ¡Madre mía! Él me conocía muy bien y sabía que no le fallaría. Las casas eran bastante fijas, pero vamos sino lo pido, ya me buscaría la vida, ahora estaba en otra vibración (mejor). Pero él no me dio esa oportunidad. ¡Increíble! Mi dinero no servía.

Cuando mi tío me alquiló su piso pensé que era guay que me ayudara. Y mira por dónde salió la cosa; cada uno mira por su propio beneficio.

Soy una persona muy sonriente ante la vida, intento llevarlo todo lo mejor posible y lo malo hacerlo más pequeño, y esas pequeñas cosas buenas trato de hacerlas más grandes, así los malos momentos son más llevaderos.

¡Tenía que hacer algo! Tengo una hija y ahora estábamos solas. ¿Dónde iba sin contrato para alquilar?, ¿otra vez a casa de un familiar? La casa de mi hermana era pequeña y mi madre tenía a mi abuela. ¿A dónde ir?

Me empecé a mover para saber cómo estaba el tema de su piso… ¡Lo tenía el banco! Pero ¿cómo? Me dijeron que él no tenía ninguna autoridad sobre él, o sea, que no me marchara, si no quería, mientras que el banco no fuera. Lo tenía todo en mis manos. Y así decidí hacerlo, aunque me daba cosa que tuviéramos que hacer las cosas a malas; a mí no me gusta.

Le dije que aceptara mi dinero cada mes, que sabía lo que había y que no me iba a marchar. Me dijo que no, entonces dejé de pagarle y más problemas tuve. Entiendo que él me dio la llave y quería cobrar por él, pero yo lo intenté.

Empezaron a fastidiarme más él, mi marido, que también se puso en mi contra, y mi vecino. Mi tío con no aceptar mi dinero y decir que llamaría a mi ex para darle de baja a los suministros porque el contrato estaba a su nombre. Mi exmarido tampoco ayudaba en este tema. Mi vecino se puso conmigo peor que nunca. ¡Horrible, todos contra una! Pero a mí no me iban a achantar, llevara razón o no; defendía el techo de mi hija y no saben ellos que aquella Yolanda frágil y que aguantaba todo ya no estaba. Estaba tan enfadada con las injusticias que tenía mucha rabia y coraje en mi interior, y eso me daba muchísima fuerza para luchar.

Un día, tuvimos mi vecino y yo un gran encontronazo. Yo estaba hasta las narices de todo: tres hombres detrás de mí intentando echarme de mi casa con mi niña. Uff. Mi familia lo sabía y de sinvergüenza no bajaban sus palabras, pero no conseguían nada. En fin, en el último encontronazo que tuve con mi vecino, que me acosaba a insultos constantemente, me enfrenté más a él. Y como le toqué la hombría sin insultos, no me hacen falta para poner a alguien en su sitio, me levantó la mano para pegarme. Menos mal que había un chico delante y lo frenó, si no, nos hubiéramos dado de tortas.

Imagínate. Vale, soy una mujer y él medía unos dos metros, pero con la rabia, el dolor y la indignación que tenía ante la situación que me estaba pasando, que parecía irreal y no era justa.

Yo quería cumplir con mis pagos y tener una vivienda para mi hija y para mí. Os digo yo que me hubiera pegado con este hombre..., y encima hubiera salido mal parada, pero a él le hubiera hecho daño, porque todo aquello que yo sentía me daba más fuerza y nunca me había pegado con nadie, exceptuando mis hermanas de chicas ja, ja; no me gustan las peleas ni las discusiones.

Le dije a mi vecino que llamaría a la policía por acoso y por intentar pegarme; tenía una niña pequeña y ya le estaba cogiendo miedo. Cuando llegué a casa, razoné y, por supuesto, no iba a llamar. ¿Y si se revelaba más conmigo? Me di cuenta de que por mí no temía, pero por mi hija de 13 años sí. ¿Cómo iba a vivir con ese energúmeno acechándome? ¿Y si iba a por mi hija?, ¿y si le hacía daño a ella?

Mi ex no fue capaz de venir y defendernos, y sólo dos meses me pasó manutención. No pudo con el divorcio y se fue a la vida padre o al infierno, mejor dicho, con nuevos vicios.

Después de lo ocurrido, supe que me tenía que marchar del piso por mi hija, que no valía la pena que nos hicieran daño y que al menos luché hasta donde pude, porque al levantarme la mano ya sabía que yo ahí no iba a llegar, y ya no podría defenderme con la palabra, pues nada más podría hacer. Lo siguiente sería el desglose malo de las circunstancias y a eso yo no iba a llegar. ¡Hay que saber cuándo retirarse a tiempo!

Fui a pedir ayuda a los servicios sociales, pues dada mi situación necesitaba un lugar donde vivir con mi hija. Pero tampoco me ayudaron, a pesar de explicarles que venía de haberme quedado sin casa (desahucio), todo lo que me ocurría en el piso de mi tío, que estaba separada y que tenía una nena. Lo que yo ganaba no era justificable para coger algo y yo le pregunté: "Bueno, ¿vosotros no estáis para ayudar ante estas situaciones?". Y me contestó: "Lo intentaría, pero no tiene puntos suficientes". Madre mía. ¡Entonces cómo debemos estar para que nos ayuden!

¿Que me fuera con mis padres? Ellos tenían a la abuela. ¿Nos metíamos todas en la misma habitación? A mí me hubiera dado igual, ¡pero mi hija era una adolescente! Necesitaría privacidad. Además, con mi padre hubiéramos tenido algunas discusiones.

No os he contado que, durante ese periodo, ese año que estuve separada, mi vida personal iba evolucionando rápidamente.

Capítulo 12

La otra parte de mí

A pesar de todos los frentes abiertos que se me venían encima, empecé a buscar terapias para estudiar e irme preparando para ayudar a las personas, que era lo que a mí me llenaba. Aunque, por el camino, todo aquel que se me cruzaba lo ayudaba en lo que podía. Me daba alegría pensar que un poquito de mí podía ayudar a cambiar sus vidas.

Y así fui haciendo todo en lo que iba creciendo, más lo que supiera. Esto me ayudaría más, y así llegué a conocer a mi nueva pareja. ¡Cuál fue mi sorpresa cuando supe que a mi ser, o mi alma, como queráis expresarlo, ya le conocía! Él tenía su propio centro de terapias, o sea, pude incorporarme a algunas de ellas. Yo era una persona muy física ante todo. Claro, ahora se me abría todo un mundo que no conocía, y tampoco querría perderme a mí misma.

En lo sucesivo, nosotros empezamos una relación. Al igual que yo, él vio que nuestras almas se conocían. Yo iba despertando más rápidamente que él, pero, bueno, el amor estaba ahí; era muy grande. Parecerá una locura, pero fue así.

No nos gustamos al vernos, no nos fijamos en el otro como hombre y mujer, sólo en lo que ya teníamos en común. Despertó un buen día y sin casi darnos cuenta, para nuestra sorpresa. No ocurrió de la forma habitual, por así decirlo, nuestras almas se conocían y ya.

Fui siguiendo mi camino y en los problemas que antes os expliqué ni a él dejé que se metiera en mis asuntos. No quería problemas entre hombres y de igual manera que los demás hicieron, no meterse.

Él me ayudó, me dijo que me fuera a su casa mientras encontraba algo, y así lo hicimos. Me fui del piso antes de que ocurriera algo malo. Yo sabía que no era buena decisión, pero pensé que no sería peor. Y como él vivía con su hijo, podíamos probar.

Una relación nueva, en la que no nos conocíamos mucho, y con una hija. Uff, pero él me ofreció su ayuda y la acepté. Total, sería un tiempo, hasta conseguir a dónde marchar.

Como era costumbre, cuando mis padres lo conocieron, no les gustó. Él era mayor que yo por unos años y venía de vuelta y yo iba de ida, pero empecé a hacer mi vida distinta a como la había hecho anteriormente. No me quedaba otra, respeté el punto de vista de mis padres. Lo entendía. Ellos respetaron también mi decisión con el tiempo, porque en verdad no entendían mi cambio tan brusco, sólo miraban por mi bien. Empecé a defender mi forma de vivir, ¡se entendiera o no se entendiera!

Cuando tenía que juntarme en familia lo hacía sola. Y si algo de mis decisiones no les parecía bien, yo debía seguir mi camino, y lo veía así.

Capítulo 13
Viaje a lo desconocido

Como os comenté, él tenía su tienda y sus terapias, pero al poco tiempo de llegar yo, la cerró. No le iba bien y no podía mantenerla, o sea, no tuve ningún aprendizaje, si acaso alguna meditación y ya. De igual forma, yo ya iba despertando sola mis dones. ¡Tanto que quise aprender desde siempre y tantas puertas se me cerraban a mi alrededor! Luego me di cuenta de que todo lo que necesitaba saber estaba en mí; era mi momento y todo despertaba. Rápidamente, estaba feliz en ese sentido.

Como todo había ido tan rápido y mi cabeza no estaba bien con tanto disgusto y por, a la vez, entrar de lleno en la espiritualidad, poco a poco me fui dando cuenta de que mi pareja veía la vida distinta a mí, y ahí llegó el problema. Era como si cuando yo decidía luchar, él prefería esperar … ¿Para qué? Cuando yo me alegraba, por poco, él no se alegraba casi por nada; se quejaba más de lo que disfrutaba.

¡Yo prefería darme algo de felicidad para llevar lo malo de forma más llevadera! Él decía que, si nos alegrábamos mucho..., ¡vendrían cosas peores! Éramos una contradicción, vamos, antónimos, ji, ji. Él vivía en su mundo espiritual y hacía adentro, pero poco en lo físico. ¡Yo era muy física! Y en el plano espiritual quería conocer, claro, pero para poder ayudarnos más en nuestro plano físico y así llevar mejor nuestras vidas, no para alejarnos de todos y de todo; eso no.

En un tiempo, la convivencia se hizo insoportable. Yo me encontraba muy mal y no era la que era: me había encerrado poco a poco en mí misma y vivía como él, con pocos amigos. Nos juntábamos poco con su familia y con la mía nada. Vivía hacia adentro, eso a mí no me hacía feliz. Aunque disfrutara de todo aquello que sabía, veía y podía hacer, conectaba con todo energéticamente. Él era como la tele en blanco y negro... y yo en color. Era antiguo en su saber y eso se traspasaba a lo físico.

Es increíble que, cuando las personas tienen otra percepción de la vida, sus energías son distintas, y eso afecta a todo, hasta el escuchar las cosas cuando te hablan, pues no te entran. Hacer una misma cosa tampoco sale igual, ya que depende de quién lo haga, como guisar, pues cada uno le da su toque. Las cosas no fluyen igual y depende de tus energías (de cómo seas).

No podía haber entendimiento. Yo era muy dulce, cariñosa, alegre, suelo cantar por la casa y me gusta subirle el ánimo a los demás. Y como soy casi andaluza, alguna gracia tendré, ji, ji.

Sonreír cuando las cosas van bien es fácil, lo difícil es cuando van mal, pero es ahí cuando hay que esforzarse y hacerlo.

Él era dulce a ratos. Era un hombre con mucho carácter y a mí me destrozó. Ya no dejaba que nadie me pisara, pero de nada servían las discusiones; ya callaba por no discutir. ¡No servía! Y me fui mermando lentamente.

¿De qué me había servido salir de mi marido, que también me hablaba mal cuando quería, y ahora de otro también? Mi padre, al menos, cuando me llamaba la atención lo hacía por amor y por mi bien. Mi padre ha sido siempre muy duro conmigo, pero a la vez ha sido un gran maestro; ese ha sido su trabajo para conmigo. Eso ha hecho de mí una persona más fuerte, luchadora y esa era su labor, ji, ji.

Mi exmarido seguía dándome problemas: no me pasaba manutención y no venía a ver a la niña. En fin, intenté ayudarle en muchísimas ocasiones, como persona, porque como padre ni lo miraría. Si él estaba mejor, podría venir a ver a su hija, y de nada sirvió. Preferí no buscarlo y que hiciera su vida lo mejor posible. Con el tiempo arreglamos lo de la custodia de mi niña, porque anteriormente la pusimos compartida y, como no la veía, prefería tener yo la custodia, por si algún día me marchara algún sitio.

Capítulo 14

Hundida en el pozo

Había pasado un tiempo en la relación, pero no iba bien. Él tenía su hijo y yo la mía. La niña tampoco estaba bien, él no era su padre y había mucha discusión; el suyo la veía bien poco, o casi nada, y se justificaba diciendo que estaba mal y que cada vez que veía a la niña me veía a mí. No lo aguantaba. Pobre hija mía.

Cómo pagan los hijos los errores de los padres, y me incluyo en la parte que me corresponde, claro. Pero yo, pasándome todo lo que me pasaba, me hubiera ido bien lejos y seguro que hubiera dejado la relación en la que estaba y estaría bien en menos de lo que canta un gallo, pero no lo hice. No podía abandonar a mi hija, aunque así fuera a contracorriente y eso me costara más tiempo y más sufrimiento.

Alguna vez le pedí el favor de que cuidara de ella para poderme alejar de la situación y nunca quiso ayudarme en ese sentido. Qué falta me hubiera hecho (ex). Bueno, dada su situación, tampoco pudiera podido. Mis padres la hubieran cuidado encantados mientras me recuperaba por un tiempo, pero no lo vi bien después de lo pasado. La niña tendría que estar con su padre o con su madre, ¡más abandonos no!

Estuve en el infierno y encima con mi hija, pero no la abandoné. Ojalá nunca la hubiera metido, pero fue mi trabajo a seguir y no supe hacerlo mejor. También había un poquito de obligación de mi parte por estar ahí en la relación, por mi trabajo (espiritual), y eso me llevó a estar más tiempo.

Mi pareja me propuso una idea. ¿Por qué no me iba a la casa de una señora que no estaba aquí? Ella vivía en el pueblo y él se la cuidaba. Me pareció muy buena idea, dada la situación nuestra, que era cada día más insoportable. Hablé con la señora y me dijo que sí, que pagara los suministros y más adelante ya pagaría un pequeño alquiler, si podía. Muy buena la señora.

No creáis que no me moví anteriormente a servicios sociales para salir de su casa. Pero a ellos con decirles que tienes familia…, ¡todo está hecho!

La vida me puso a esta señora cuando yo más lo necesitaba. Por mi decisión, quería mejorar y salir de allí. La niña y yo tendríamos mucho espacio y no tendría que verlo a todas horas, y eso que vivía en la calle detrás. Decidimos vernos poco y así lo hicimos.

La casa estaba pachín pachán. Tenía muchas humedades, cableado muy antiguo y tuberías muy antiguas, pero, bueno, teníamos techo, ji, ji. Nos mudamos y le lavamos la cara.

Pasó un tiempo corto y la relación seguía sin funcionar. Cuando estaba sin él me empezaba a encontrar mejor, levemente. Sentía que no estaba tan... metida en el pozo y sin salida. Las cosas empezaban a fluir, poco, pero ahí estaban. Y así me di cuenta de que era él quien no me dejaba ser yo.

Y donde él estaba metido, sus energías eran totalmente distintas y anticuadas. Y si encima vive hacia adentro, ¿qué va a fluir fuera? Nada..., nada bueno.

Capítulo 15

Salí a flote

Toqué fondo y, a pesar de que lo quería, tuve que dejarlo, porque era él o yo. Y, ya sabéis, tenía una hija y no se merecía eso: ver a su madre sufriendo y mal. Yo quería quedarme en lo físico, porque en su plano "moría" cada día. Prefería estar sola y ser "yo". Parecía que él fuera la noche y yo el día.

Al menos, de vez en cuando veía a mi familia, pero poco. Sabían que me pasaba algo muy malo y que yo no era "yo". Y no podían hacer nada, sólo esperaban que yo lo viera y saliera. ¡Yo lo veía, pero no podía salir!

Yo no salgo de las cosas hasta que no las veo acabadas y les doy su cierre oportuno. Una parte de mí siempre quería ir hacia atrás… ¿Y si…? ¿Y si…? ¡Quedaría un pie atrás y no me sentiría bien conmigo misma! ¡Menudo aprendizaje de las cosas, si huimos de ellas! ¡Lo aprendí en su momento y no volvería a equivocarme!

Tengo una tía a la que considero como una hermana mayor. Tengo mucha complicidad con ella y siempre se portó muy bien conmigo, bueno, y con todos. ¡Ella es así!

Ella está enfermita por comerse los marrones de todos y siempre no decir nada (esclerosis múltiple). ¿Veis?, esto no tiene que ser así. Ella lucha contra su enfermedad y lo lleva lo mejor posible, se esfuerza y se distrae para no engrandecerla y llevarla con una sonrisa. Es una campeona y la quiero muchísimo. Es un ejemplo por seguir con respecto a su enfermedad, sobre cómo la lleva. ¡Pero lo que no hay que hacer es enfermarse!

Yo con ella hablaba bastante sobre lo que me pasaba, dentro de lo que podía explicar, pero no entendía lo que pasaba. Era normal. Pero su cariño y el estar ahí me ayudaba muchísimo, así como el de todos, para no terminar peor.

Cuando los veía, veía el cielo abierto, luz, amor, diversión y alegría. Todos ellos son muy amenos y alegres; me crie en una gran familia y los quiero mucho a todos. Muchos de ellos para mí son como hermanos; nos criamos juntos y nos llevamos poco, ji, ji.

Me costó muchísimo salir porque él me buscaba muchas veces; tanto va el cántaro a la fuente que al final se rompe. Y yo caía. Pensé que nunca querría a nadie tanto y no soy de estar de relación en relación. Me quedaría sola, pero mejor sola que mal acompañada… Hasta que lo superé. Decidí apostar por la vida y por mi hija. Tuve mucha suerte de poder quedarme en esa casa.

Lo que no supe arreglar de la casa, mi padre se ofreció a hacerlo y me ayudó. Hasta mi ex dijo que nos ayudaba, pero nomás no sirvió para solucionar las cosas con su hija. Él quería el *pack* completo, y eso no podía ser. Quizás si su camino en solitario lo hubiera hecho mejor… ¿Quién sabe? Pero no fue así. Hizo cosas gravísimas y eso no tenía vuelta de hoja. ¡Se volvió un demonio!

Se me acabó el trabajo de limpieza en el supermercado Lidel y me dieron finiquito de media jornada, que era lo que trabajaba, y así pude echarlo a la casa en arreglos. Cómo seguía teniendo trabajo de limpieza de casas particulares, pude hacerlo, ji, ji. Qué alegría. Pintamos y arreglamos lo que pudimos. Al menos estaba muchísimo mejor y la señora lo agradeció.

La casa, de vez en cuando, tenía pérdidas de agua y se me calaba por la pared. En una de ellas hubo una pérdida en el suelo y hasta cartones teníamos que poner para caminar un poco en seco y cambiarlos frecuentemente. Dada esa situación, y que la pared una vez había soltado chispas de la luz, que no iba muy fina, tenía miedo de salir ardiendo. Agua y luz, menuda mezcla.

Fui a los servicios sociales para ver si podían ayudarnos a coger un piso de ayuda. Recogieron mi solicitud y yo recién cobraba poco. Había trabajado media jornada y me correspondía media paga; era muy poco. Así que vinieron a casa a averiguar si era verdad. Efectivamente, sólo se le ocurrió la misma idea: que me fuera a casa de mis padres. También comentó que ya me dirían algo.

Con el tiempo, fui a averiguar y los de servicios sociales habían considerado que nuevamente tenía pocos puntos y que cobraba poco. Creo que 200 euros era media paga de media jornada trabajada y los ingresos de alguna casa no se podían demostrar. A ver, señores, un piso de los vuestros se pagaba poco a poco, conforme se cobrara. Yo entraba en el papel de "lo necesitaba"; estaba sola con una hija y sin manutención del padre. Yo alucino con esta gente, no sé para qué están. Lo único "comida", ¿vale? ¡Pero ellos como siempre! Eché la ayuda por ser madre separada y me tardó un montón; fue lo único que tuve de ellos. Nunca más volví a pedirles nada, aunque me hiciera falta. ¿Para qué?, si no me iban a ayudar. No aproveché más ni la comida que me daban; cuando tuve más trabajo la rechacé (que otro la aprovechara), y con otra paga de 290 euros. ¡Qué locura!

Menos mal que la familia me ofreció trabajo, mi tía de la que antes os hablé. Ella está enfermita y le cuesta más desenvolverse. Y la mujer de un tío mío muy majo que tiene un restaurante me ofreció para sus padres y para ellos en casa. ¡Guay! ¡Gracias, familia! Menos mal que ya me buscaría yo la vida, porque esta gente que está para ayudar, flaco favor hace, ¡como siempre!

Mis padres me ofrecieron su casa, pero yo quería seguir luchando en esa casa a ver cuánto la podía soportar. Y, además, necesitaba independencia. Yo no estaba bien, no me aguantaba ni a mí misma, como para ponerme a convivir con otras personas, aunque fueran mis padres.

Capítulo 16
La salida

Un día, mi abuela murió (pobreta) y mis padres me comentaron que la familia había hablado y que me dejaban a mí el piso de mi abuela, porque era la que más lo necesitaba. Yo, en cierta manera, me alegré. Pensaron en mí, pero la casa de mi abuela tendrá 40 metros, más o menos, y sólo una habitación. Se agradece, claro, pero yo sentía que me iba a asfixiar y un bajo con rejas tendría que amoldarme. Además, ese bloque tenía problemas. Lo hizo un tío mío, pero estaba en trámites de que se lo quedara el banco.

Yo vivía de aquella manera, pero me sobraba espacio en una casa de 120 metros y dos patios; además, no tenía ese tipo de problemas. En realidad, era lo que tocaba: marcharme a otro sitio. La casa no estaba bien y venía de la relación que acababa de terminar, y allí él siempre podría buscarme o me lo podría encontrar. Él vivía en la calle de detrás y yo aún no lo había superado; lo mejor era alejarme, y así lo decidí, a la vez que mi decisión, la casa, dijo: aquí estoy yo, no aguantó más, ji, ji. También me salió mucho más trabajo en una empresa de limpieza. ¡Qué guay! Mi decisión me hizo cambiar de plano (espacio diferente, tiempo y lugar), ji, ji.

La casa ya había aguantado, hasta que yo me decidí a marchar y ya se me empezaba abrir más la vida. De golpe y porrazo, la tele se me quemó de un chispazo; en el lavabo se produjo un cortocircuito y casi me quedo pegá; duchándome, la alcachofa de la ducha me dio un calambre, uff, se quemó algo de la luz, o sea, hubiera tenido que poner toda la luz nueva en la casa. Y mira que de vez en cuando había venido el vecino de mi padre, muy majo, para ayudarnos como electricista, pero no podíamos pedirle más. Ya me superaba… ¡No tenía dinero!

Tenía que avanzar y ya no podría volver atrás, las circunstancias ya no me lo permitían; menos mal. La casa me estaba diciendo que ya era el momento de marchar. Agradecida estaba, pues se portó bastante bien durante el tiempo que estuve. Ya estaba contenta y marché a casa de mi abuela.

Al cambiar de plano (avance energético), aunque quieras, ya no puedes ir hacia atrás. Eso ayuda a seguir hacia adelante con tu decisión tomada y a no perder más tiempo. En realidad, era lo que tocaba. Mi relación se había terminado y eso venía de él; era mejor entrar en otro plano diferente u otras energías distintas, pero más iguales a las mías. Porque, vaya, con la casa iba a acabar conmigo, ji, ji.

De todas formas, doy gracias a la familia que me ayudó, al menos se la dejé mejor, exceptuando la luz; es que era muy, muy, viejecita.

Y menos mal que pude salir de mi propio infierno poco a poco. Me conformaba con compartir un café con algún familiar o amiga y con un buen plato de comer de mis padres. Mi madre cocina muy rico y, al final, alguna razón tenía. Menos mal que el cariño de los demás me ayudaba, muchísimo; siempre me he sentido muy querida por los demás y lo agradezco.

Recuerdo que en donde vivía, mientras estaba en mi relación, había una panadería y varias chicas muy majas. Cuando me sentía muy triste iba y me tomaba un cafecillo con ellas. Tenían energías parecidas a las mías y en ese momento era "yo". Me había alejado mucho de mi familia, iba poco a visitarla y no me gustaba que me vieran así. Eran las únicas personas que tenía más cercanas y me llenaba de ellas; menos mal. Me daban luz en mi propia oscuridad.

¿Veis cómo cualquier persona de buena voluntad puede ayudar muchísimo? Yo les ayudé a ellas también y hasta triste podía hacerlo, ji, ji. Ellas fueron mi escape de la oscuridad, a ratos, y hoy por hoy las sigo teniendo en mi vida, poco, pero están.

Pero yo debía pasar por ahí, pues mi aprendizaje espiritual estaba en esa relación, y encima siendo quien era, mi mitad "espiritual", ¿cómo podía explicar a mi familia algo así? Pues, vale, para ellos me equivoqué. Perdí y no perdí, todo es un aprendizaje, pero podía haber estado menos tiempo sufriendo.

Menos mal que me conocía antes de perderme y así podía buscarme. Porque, si no, ¿hubiera tenido un problema? No sabía si me encontraría, si volvería a ser la que fui, seguramente no, pero tenía que intentarlo. Ni me apetecía seguir viviendo, era una sombra de mí, pero tenía que seguir luchando por mi hija, y por ella seguí; poco a poco me dio la fuerza suficiente que yo necesitaba.

Intentaba darme aquello que me gustaba, pero era como estar entre dos aguas totalmente distintas, como ser diestro y zurdo a la vez.

Querer hacer algo, pero saliendo de la misma persona, me costaba muchísimo. Qué lío. Me salían de dos formas, la de él (de dónde venía) y la mía (hacia dónde iba). Pensé: "Paciencia, poco a poco". Pues imaginaos a esas personas que se pierden y nunca se encuentran, bien porque no se conocían, nunca deciden luchar, no soportan los cambios, su oscuridad no les deja avanzar o porque no encuentran a la persona que les pueda ayudar, y aún más si no sabes lo que encontrarás y decides quedarte con lo que conoces... Es triste, ¿verdad?

Confiad en vosotros y al querer avanzar evolucionaréis y os podréis ayudar a vosotros mismos. Siempre, siempre, hay que intentarlo, ya sea solos o con ayuda de alguien. Os merecéis salir de la oscuridad. Da igual lo que hagáis, siempre podéis mejorar y cambiar; no os mortifiquéis, no seáis víctimas de vosotros mismos. Eso no cambia nada, al revés, os hunde más y seguiréis viviendo en el pasado y repercutirá en vuestra vida futura. Pasad página, acéptenlo y sigan para adelante. Hagan presente porque, si no, siempre viviréis en pasado y no haréis futuro, porque aún no estáis haciendo presente, quizás un poco de lío. Espero que lo halláis entendido.

Para mí, fue eso oscuridad en mí. La vida dejó de brillar y sólo quería reencontrarme conmigo misma, aunque fuera sin espiritualidad; me daba igual. Me cerré a todo aquello me hiciera daño. Podemos elegir qué camino queremos coger y también podemos elegir nuestra espiritualidad. Yo elegía cómo quería que fuese, y siempre que me hiciera bien a mí y a los demás sería bueno, entonces lo aceptaba, si no, ¡no!

Poco a poco, me fui colocando en la vida y en el sitio que me correspondía y buscaba "yo". A mí no me iba a decir nadie cómo hacer las cosas ni en qué tenía que creer, si eso no me hacía feliz. Para él, eso era su verdad absoluta, simplemente porque él no conocía ni dudaba de su existencia. No significa que no existiera, pues ya no me iba a seguir convenciendo. Lo suyo me destruyó.

Seguí creyendo en mi mundo, en que luchando se consiguen las cosas, pero haciéndolas bien, sin pisar a nadie, sin maldad de corazón y con sonrisa y alegría en lo que me hacía feliz.

En las personas, en ayudarnos en lo que podamos y en la Tierra maravillosa que tenemos y disfrutarla y disfrutad de nuestros seres queridos.

¡Y cuál fue mi sorpresa cuando mi mundo volvió y más bonito que nunca! Podía volver a ver a través del velo, pero ahora en color. Y cuando yo quisiese, aunque no siempre; eso me daba margen para vivir a mi forma y cada día sentirme más grande dentro de mí.

¡Poco a poco, volví a sentir la vida! ¡Nunca pensé que volvería a sentirla! ¡Era como volver a nacer, pero más evolucionada!

Ahora era físico, más entérico, todo en 1. Estaba muy chiquitita, pero completa, toda en el mismo plano, ji, ji.

Mientras estuve en la oscuridad, no desarrollaba lo que aprendía, como si no pudiera hacer una suma, pero cuando volví, vamos, si sumaba, hasta podía hacer raíz cuadrada. Es un decir. Todo me había servido y las piezas se ponían en su lugar.

Si tuviera que hablar de él en mis términos o en mi mundo, diría: un hombre encerrado en sí mismo, antiguo en su saber, enfermo, cerrado a la vida, con problemas con sus hijos, pues no se daba a ellos, y que mantenía unas distancias demasiado grandes con sus padres, pero él necesitaba su reconocimiento. Pensaba que los demás lo utilizaban, que lo que él decía era así. No escuchaba otras opiniones en espiritualidad. Económicamente, no fluía, no se fiaba de nadie. Eso sí, era un manitas y hacía muchas cosas; había trabajado mucho en su vida y le había ido mejor, hasta que despertó al plano astral y la fastidió. Dejó su trabajo y todo, y nunca se terminó de desarrollar por completo en lo suyo; tuvo que dejarlo. Su espiritualidad no servía para estar mejor ni alcanzar nada que no fuera encerrarse en sí mismo, enfermarse y quedarse solo. Al menos, yo le di vidilla, ji, ji, y hasta la mirada le cambió y volvió a sonreír. Dentro de él estaba lo más bonito: él. Pero, como me fue consumiendo, pues duró hasta que él me encerró a mí, y mira que intenté sacarlo. Hay que ayudar, pero sin caer uno. Si no, ¿de qué sirve? Ji, ji.

¡Que me lo digan a mí cuando alguien no quiere salir! Y a eso le sumas que encima es su propósito de vida (su trabajo por realizar o aprender aquí en la Tierra); nada se puede cambiar. ¡Me costó muchísimo aprender esto, casi la misma vida!

Y así es cómo yo puedo utilizar lo que sé para que conozcamos cómo somos en realidad, conozcamos nuestro entorno, evitemos enfermarnos y que nuestra vida vaya acorde con nuestros pensamientos. Para alcanzar todo aquello necesitamos, es importantísimo, conocernos. Aprovechemos lo que se nos ha dado.

Vamos a la luz, al Sol; resolvamos todos nuestros conflictos internos para funcionar fuera mejor, vivir en paz con nosotros mismos y con los demás y sentirnos bien con cada cosa que hagamos. Eso es importantísimo, de verdad, pues tendremos mejor calidad de vida y la disfrutaremos más.

Capítulo 17

Otra percepción de las cosas

Ahora os explicaré mi relación desde otro punto de vista más espiritual (plano astral) y cómo me afectaba a mi cuerpo y, en consecuencia, a mi vida física.

Mi pareja tenía unos tipos de energías distintas a las mías; él sería blanco y negro, como más antiguo, y yo en color. Claro, así nos iba, ya que no cuadraban, evidentemente, pero yo lo intenté hasta llegar a perderme a mí misma. Pensé que poco a poco saldría de su pozo, pero no fue así.

Yo venía de ser católica no practicante, pero creía en Dios, en lo creado. Venía de una familia católica, estaba bautizada, casada…, pero, como todo, avanza.

Empecé a creer en mí y lo que podía conseguir a través de mi esfuerzo.

Como ya os conté anteriormente, después de lo vivido, cuando lo perdí todo, empecé a ver muchas cosas, a escuchar y a sentir. Era una locura porque todo iba muy rápido y no me daba tiempo de administrar tanto. Y, como ya sabéis, mi vida estaba manga por hombro. Sí empecé una relación, pero tenía muchos frentes abiertos, en fin.

Mi nueva pareja era más de vivir una vida solitaria. Había mucha gente que conocía y a veces venían a que le ayudasen, pero no hacía vida con ellos. Se acostumbró a que así no le traerían problemas, porque en verdad había pasado mucho.

Yo era al revés. Venía de una familia muy grande y tenía los mismos amigos de la niñez y, evidentemente, alguno nuevo. Yo había estado muy protegida, en verdad, con mi gente y no necesité más. Él, sin embargo, era mayor que yo y, quizás por su profesión, conocía a otro tipo de gente con el que yo nunca me había cruzado. En fin, a mí me decía: "A ver cuándo sales del cascarón".

Y vaya si salí; rompí el molde, ji, ji. Pero ¿sabéis?, volví a mi origen. Sé lo que quiero y dónde quiero estar y con qué tipo de gente quiero relacionarme. Una cosa es curar (ayudar) y otra mi vida privada.

Conocí mucha gente espiritual y muchos otros con distintos problemas, a cuál más fuerte, y tampoco es que fueran felices. Era un tipo de gente que en mi vida cotidiana no era conocido, pero al querer ayudar eso no importaba, siempre que no se mezclaran nuestras vidas en lo personal, porque era ahí cuando me encontraba con el problema.

Creo en la creación y su proceso, que las "energías" alguien las habrá creado. Sí creo en Dios, pero de esta forma más avanzada. Aquí nadie influye, sólo la propia "creación".

Pienso que se nos ha dejado todo a nuestro alcance para utilizarlo, somos nosotros quienes no lo hacemos bien o no conocemos, pero luego no nos quejemos si no hacemos nada, ji, ji. Ejemplo: si alguien te da los ingredientes de un guiso, no pretenderás que encima venga y te lo guise; hazlo, aprende y, por supuesto, saboréalo, ji, ji.

Para mí, ya venimos sabiendo qué trabajo debemos realizar, pero lo olvidamos porque somos personas físicas y estamos en otro plano. Pero es fácil, sólo sigue tu corazón, aquello te haga feliz y con lo que te sientas realizado como persona, y habrás encontrado tu propósito de vida. Ejemplo: el mío sois vosotros, ji, ji, pues me llenan y me enriquecen como persona. Soy 100% yo.

La relación iba avanzando, pero tuve que cambiar muchas cosas de mi personalidad y moldearme a él. Era complicado. A mi parecer, se complicaba mucho a la hora de hacer las cosas, aunque para mí eran más sencillas.

Poco a poco, fui encerrándome en mí misma por cómo vivíamos, a esperas de que la cosa mejorase... Perdona, eso pensaba él. Yo no pensaba igual, pues buscaba aquello que necesitase y disfrutaba en el camino. A pesar de tener interrupciones o malestares, así se llevan mejor las cosas, yo pienso así. Me inculcaba lo siguiente: "Así no", "Espera..., no corras tanto", "No disfrutes tanto", "Verás después". Eso no lo hago. Yo tengo costumbre de sacar lo bueno de cada persona, pero él le daba la vuelta a todo.

En fin, hacia el final ya no era yo, era una sombra y, claro, mis acciones ante las situaciones eran distintas. Lo veía todo interiormente, pero no podía desenvolverme; ¡el dolor, la rabia y el coraje lo exteriorizaba! ¡No me conocía!

Había una distancia tan grande entre la que era y la que fui... Me había puesto tantos escudos para llevar la situación y sufrir menos que ni la vida sentía. Y, evidentemente, la rabia creció, la mala ostia, el no tenerme; era una tristeza tan grande... Y luego sentirme mal conmigo misma por reaccionar de malas formas. Mis sentimientos se desbordaban con una fluidez inmensa, ya que también en etérico sentía muy elevado todo, con mucha intensidad.

Me había hecho tan chiquitita... Mis ojos dejaron de brillar, mi alegría se marchó y poco a poco destruyó mi mundo y a mí.

No os penséis que él era mala persona, al contrario, era muy buena persona y daba lo que tenía e intentaba ayudar al prójimo. Pero eso no tiene nada que ver para hacer daño; simplemente pensando diferente y viviendo distinto uno sufre. Es un daño sin querer. Él es así.

Poco a poco, me fui metiendo mucho en el plano astral (etérico). Mi mente siempre estaba conectada, era como ver otro velo detrás de las cosas. Estaba súper desorientada y empecé a traspasar a lo físico, mi cuerpo también sentía, pero para mal, claro.

Naturalmente, empezó a afectarme, ¡porque muchas veces estaba en Babia! Me hablaban y no me enteraba. Me costaba mucho prestar toda mi atención a las cosas, aunque fuera mi familia. Mi mente se iba, pero sin querer. Además, me alejaba en las conversaciones. Es entonces cuando hablo de planos distancia energética, es otro u otros espacios distintos en el que deberías de estar, y eso en físico (terrenal) podría ser muchísimo tiempo. dependiendo de lo lejos que estés de lo terrenal…

Siempre respetaba su punto de vista y, si tenía que opinar, lo decía bien, pero ahora lo discutía. Me alejaba de ellos sin querer, vamos, pasé de un extremo a otro.

Cuando había malas vibraciones, cosas de los demás, como rabia, envidia, celos, coraje, etc., las sentía. En lugares había momentos en que, si había mucha gente, tenía que irme, me sentía mal o me ponía a eructar. Vaya plan.

Mi cuerpo necesitaba mi protección, que regara todo mi ser por mi organismo, como la sangre riega el cuerpo, para no enfermar, para que las cosas fluyeran de otra manera.

Es que hasta, en cuestión de olfato, no olía las cosas. Con respecto al gusto, de las comidas no podía disfrutar el sabor. Mi cuerpo estaba cómo más duro, más rígido. Hasta la visión tenía distorsionada; veía en tantos planos. Uff, ji, ji.

Es muy complicado vivir entre dos mundos... ¡Es que no vives! ¡Es mejor asentar uno! Porque en realidad era más mental que otra cosa y mi cuerpo no iba coordinado.

Y yo lo hice, me fui a lo terrenal, con mi gente... ¡Me necesitaba tanto, pero no me "tenía"! Es increíble cómo puede afectar el no tenernos o tenernos poco, es decir, esa corriente de energía que necesita todo nuestro organismo y que, si no la tiene, enferma.

No podía disfrutar las cosas como antes. Vivía más en el plano astral que en lo físico.

Lo pasé mal en mi trabajo. Yo limpiaba y estaba muy cansada. Uff, limpiando, imaginaos las energías estancadas, ji, ji. Negatividad a tope.

Muchas de mis conexiones eran de un grado alto; mi cuerpo no las resistía. Evidentemente, tenía cansancio, insomnio, dolor de cabeza y recogía, además, malestar de los demás. Uff. Gloria bendita, ji, ji.

¿Qué pasaba? Que mi cuerpo no tenía defensas para contrarrestar todo lo que me ocurría. 99% era mental; es un decir. Muy, muy, elevado.

Trabajaba mentalmente y yo no era así. Yo me llenaba de las cosas que hacía, y ahora no era así. Me sentía vacía de mí. ¿Dónde estaba yo? Cuando me fui a dar cuenta, ¡estaba en el mismísimo infierno! Y todo por esperar que él viera las cosas como eran en realidad, a través de mis ojos, porque los suyos no funcionaban.

Mas el aprendizaje que estaba recogiendo vivía en pausa, y yo no era así, pues, evidentemente, cada día estaba más en la profundidad de ese pozo que yo cavaba dentro de mí. Más cansada, más agotada, con la percepción del tiempo cambiada, fuera de mi sitio, vamos… Y la vida ya no me parecía tan bonita; se puso gris para mí. Qué tristeza.

Con todo lo que había pasado me había dado un ataque de estrés. Menos mal que salió por uno de mis brazos, que se me quedó pegado al cuerpo. No podía moverlo y me producía muchísimo dolor; era como arrancar la carne del hueso… Uff. Tiene un nombre, pero no lo recuerdo. Pero yo sabía por qué me ocurrió. Eran tantas vivencias juntas y no me tenía a mí, por lo cual dejé mi cuerpo desprotegido de energía y me ocurrió. Menos mal que salió por ahí, pues podría haber sido por el corazón, la cabeza, etc. Y mira que mi cabeza era lo más delicado tenía; era la que trabajaba todo. Y, cómo ya dijimos, con tantos planos (espacio energético) diferentes, uff, mi cabecita también sufrió lo suyo.

Hasta que un día me miré en el espejo y me hablé con rabia y coraje. ¡Esa no era yo! Parecía una loca (demonio). Este motivo también me dio a entender las enfermedades mentales. Uff, esconden tantas cosas no entendibles y, ¿de qué vienen? Hay tanto escondido que no se ve, pero está. Es mejor no estar ni en esas energías ni en esos planos peligrosos. ¡Podrían poder contigo! Para mí ya era suficiente… Había tocado fondo.

Recuerdo en una de esas que mi niña no me hacía caso o me hablaba como quería. No tuve paciencia y la eché de casa para que se fuera con mi hermana. Estaba fatal, no me soportaba ni a mí misma, como para saber cómo llevar y tener paciencia con ella. Allí estaría mejor un tiempo, mientras yo mejoraba. Y encima con mi brazo mal.

Teníamos pérdidas de agua constantes en la casa y teníamos que poner cartones por los suelos todos los días. Yo necesitaba ayuda en este sentido, pues sólo tenía un brazo para mover y mi niña. Uff, los jóvenes; todo lo tiene que hacer una.

Hasta el asistente vino y nada de ayudarnos ni de cambiar de casa (recuerden que estábamos en ello). Así estuvimos hasta que con el tiempo se localizó, las pérdidas, y lo suyo tardó, y recordar también teníamos problemas de luz, vaya mezcla. Miedo me daba vivir ahí. Así, evidentemente, todo se movía de malo a peor.

Todo su mundo ya podía conmigo, y todo porque yo no me tenía. Estaba chiquitita dentro de mí y dejé mi cuerpo sólo a merced de todo lo malo. Él intentó mostrarme otra espiritualidad, pero a mí no me convenció. Pero hasta que volví a creer en mí y en mi espiritualidad (mundo), qué triste, pensé que nunca más volvería a verlo (energía) y menos que saldría de allí.

Lo del brazo me superó muchísimo, fue tan lento curarlo ... Iba de bajón unos cuantos meses y luego remontaba. Y en aquel momento iba de bajón.

Ya estaba bien, no me dejaría más… Y decidí salir de esa vida y recoger mi aprendizaje, decir sí a la vida física, como yo la veía, con toda la creación en su esplendor, y yo la conocía. ¡Y, por supuesto, ser capaz de disfrutar de ella!

Capítulo 18

Reflexión de lo que nos rodea

Esos colores y vida que trasluce; esos árboles; esos frutos que nos comemos; la hierba; cómo huele el césped recién cortado; ese mar cuando brilla el Sol; el reflejo que deja la Luna cuando anochece y se esconde; ese Sol cuando nos da los buenos días; ese color tan fascinante; nuestras montañas rocosas; esas piedras con esas formas; esas mariposas que nos sorprenden con sus colores; todos los animales en general; el agua; la tierra; el aire... Qué preciosidad. ¡Pura creación! Todo tan perfecto y bien puesto en su sitio. Uff. ¿Y qué decir del Universo?, esas estrellitas que vemos desde aquí y lo que no vemos, pero sabemos que está: planetas, entre otros. Hermoso.

En fin, esa es mi percepción y como yo lo veo. Todo lo que se nos ha regalado y no cuidamos en la vida, y enérgicamente, casi no lo hacemos funcionar y está, sólo hemos de ser conscientes.

Todo tiene su vibración, al igual que nosotros, por eso podemos conectar con todo; de esa forma podemos construir nuestro propio mundo.

Somos creadores de nuestras propias vidas. Es importantísimo tomar conciencia de ello para poderlo desarrollar. Nada perderéis intentándolo y mucho podréis lograr. Vuestros propios frutos, evidentemente, hay que ganárselos, ji, ji.

No quiero decir con esto que hay que ponernos a sentir en el plano astral, sino en lo físico. Yo así lo hice; es mejor. Traten de engrandeceros por dentro. Hay que vivir, experimentar, romper limitaciones, crecer, avanzar, hacer que nuestras vidas mejoren, estar más sanitos y felices con nosotros y con los demás. A eso me refiero. También hay que tener lo que necesitemos (nuestro propio mundo).

Hay que sentir la vida, disfrutarla y llenarnos de ella, y ¿cómo no?, compartirla con nuestros seres queridos. Al nivel de cada uno, debemos aceptar y adaptarnos a los demás. Y lo más importante: debemos tenernos a nosotros mismos; no abandonaros por nada ni por nadie. ¡El que os quiere bien dejará que seáis vosotros mismos, se llenará de vuestra esencia y, además, os dará de él!

Aunque a veces se nos hace daño sin querer, esas personas necesitan su propio aprendizaje (paciencia).

¡Ojo! Igual que queréis recibir, también debéis de ofrecer. Dejad que los demás sean ellos mismos, no queráis acaparar, manipular, hacer vuestra voluntad, moldear a la persona; en fin, ya sabéis, ji, ji.

¡El que os quita, os cohíbe o resta! ¡Esa persona no os quiere bien! Para eso, mejor no aceptar su cariño, si es malo para vosotros, venga de donde venga.

Un poco podéis perder de vosotros. Es más fácil remontar, ¡pero mucho no!, que sea lo suficiente para recoger el aprendizaje y seguir hacia adelante. Y, ¡por favor!, mucho cuidado con vuestro corazón; por ahí pasan todos nuestros sentimientos, que luego se desbordan en emociones. Si no lo digerimos bien, ¡es fatal! ¡Y más si estamos en otras cosas!

Recordad que, igual que vosotros aprendéis, ellos, los demás, también. La cuestión está en si ellos quieren "hacerlo". Por eso siempre es mejor mirarlo desde nuestro aprendizaje. ¡No tenemos que esperar! ¡Lo miraremos con más sabiduría! Eso significa que tenemos más "herramientas", más saber, más vidas vividas. Hemos de utilizarlas y ser más considerados con quienes no las tienen, ¡porque no saben hacerlo mejor!

Nunca os abandonéis porque el cuerpo quedaría desprotegido, ¡y eso es muy, muy, malo; enferma y enferma y en ocasiones hasta causa la muerte, si no hay energía que nos revitalice, nos regenere. Aunque no sientas dolor, va matando poco a poco…; está ahí la falta, ¡no lo dudéis! ¡Es como una flor! Es preciosa en su mata. En su tierra fértil sujeta… Cuando la cortas, se va marchitando hasta morir. No tiene fluidez. Nada la riega ni está sujeta a nada como para qué siga viviendo; aquí tenéis este ejemplo de algo tan bello marchitándose poco a poco…

Y así viví yo mi experiencia y mi despertar a la espiritualidad, uno de los peores momentos de mi vida, pero, a la vez, lo más bello y extraordinario de mi vida, aparte de mi hija, evidentemente.

Saber a ciencia cierta lo que hay (energéticamente) y que toda la información ha pasado por mí, no me han dicho, no he estudiado. Puedo creerlo, existe. Y tantas preguntas que me hacía: ¿hay algo después de esta vida?, ¿cómo será?, ¿dónde estará? ¿Por qué venimos a pasar penurias? ¿Por qué hay tantas injusticias? ¿Por qué todo funciona tan mal? Parecía una irrealidad, pero a veces las cosas no tienen lógica. Preguntas que todo el mundo se habrá hecho yo ya conseguí responder, ji, ji. El misterio de la vida… Así lo averigüé.

No tenéis que creer lo que os digo, si así lo decidís. Estáis en vuestro derecho, pero mi obligación y cariño es mostrároslo. Pero al menos intentad estar mejor con vosotros mismos, os lo agradeceréis algún día.

He vivido desde lo antiguo hasta lo nuevo.

En espiritualidad, menos mal que yo ya era lo nuevo, porque si me quedo en lo antiguo (pasado), me muero. Mi esencia no tiene nada que ver, ji, ji. Por eso nuestro camino es avanzar; vamos hacia donde pertenecemos. Sin lugar a duda, lo he vivido en primera persona.

¿Y cómo se ve y se mueve todo? Extraordinario, belleza absoluta, no hay malos rollos. Cada cosa se mueve como debe, no tiene tiempo ni espacio igual; durante mucho tiempo van cambiando en espacios más cortos, depende de la persona (aprendizaje). No se pueden medir (tiempo y espacio) y, además, llevan sus graduaciones. Se mueven como se necesite.

No se puede controlar ni espacio ni tiempo. Son tiempos distintos, por eso cada plano es un espacio de tiempo y lugar distinto, por eso estamos en puro movimiento constante, como la tierra; vamos cambiando cada vez de plano cuando nos haga falta, y ganamos más tiempo que supera al terrenal.

Podemos vivir una vida como si fueran más porque más cosas haremos. No necesitamos años para avanzar, y si hemos perdido tiempo, podemos recuperar otros tantos.

Es genial cómo se mueve todo. Tú tomas una decisión y todo se mueve acorde a esa decisión, tomando forma en circunstancias, personas, lugares, etc. Tomas otra decisión y más de lo mismo, pero para mover todo eso haz de estar dentro de la propia vida, y para eso hay que tomar buenas decisiones, querer mejorar y ganárselo con esfuerzo, ji, ji.

Seguimos con la historia, ji, ji.

Capítulo 19

Camino hacia la vida física

Antes de marchar de la otra casa (desastre), ji, ji, me salió más trabajo en la limpieza; justo a tiempo, pues ya habíamos decidido marchar, a pesar de las circunstancias que ya os comenté del bloque.

Yo aún tenía mi brazo mal, pero ya podía moverlo mejor. Anteriormente fui un par de veces al fisio porque no podía más y con mucha medicación ni dormir podía, pues mover el brazo era mortal. Ahora era cómo volver a enseñarle. Increíble. Rompí limitaciones de movimiento poco a poco, ya lo levantaba más. Recordé que me coloqué (trabajo) y eso me ayudaba cada día a irlo forzando más, poco a poco. Yo hacía muchos ejercicios para remontarlo, o sea que, cuando me salió trabajo, aún no estaba bien, pero fui y sucesivamente, de tanto darle al paño, ji, ji, lo coloqué en su sitio. ¡Lo sané! Para que veáis cómo suceden las cosas, "enfermedades", etc. Me tenía más a mí misma, regeneraba ese brazo y, además, proseguía con mi vida.

Nos mudamos a casa de la yaya (abuela). Qué recuerdos. Yo le daba una vuelta a mi yaya cuando podía. Casi siempre, en el desayuno me hacía churros con el cafecillo, congelados, pero riquísimos. Y el café igual. Yo no sé qué toque le daba, pero a mí no me salía así, ji, ji. Lo mejor era su presencia, evidentemente, además, era muy buena cocinera; estaba todo riquísimo. Siempre le gustaba juntar a su familia en la mesa y que todos se llevaran bien. Era muy buena mujer, amiga de sus amigas y muy presumida, eso sí, ji, ji.

Ella se marchó (falleció) y me dio lugar para mejorar y ocupar su casa. Gracias, "yaya", y a mis tíos, ¡como ya dije!

Me gustaría también que vierais el fallecimiento como algo bueno para otras personas, un empezar para otros... Ella, con su marcha, lo hizo conmigo. Tiene mucha trascendencia una "ida". ¡Hay que buscársela!

Después del chaparrón viene la calma, ji, ji. Vida nueva, casa y trabajo. Guay. Todo esto venía porque yo había decidido cambiar de vida, por eso se creó este nuevo futuro a través de mis decisiones. Sólo esperaba no encontrarme muchos problemas allí. Al igual sería menor, ya iría viendo, es lo que tenía. Mejor que donde estaba sería. Ya no había marcha atrás, aunque quisiera; las circunstancias ya no me lo permitían.

Yo seguía luchando para que cada día me fueran mejor las cosas y nosotras estuviéramos más contentas. La casita era pequeña y las dos estábamos en la misma habitación, pero lo importante era que teníamos un techo y estábamos juntas y mejor.

Así, poco a poco, fuimos avanzando. Las cosas marchaban más rápidamente que antes. ¡Lo estábamos haciendo mejor! Yo también me iba recuperando más rápidamente.

Al cambiar de plano (energía totalmente distinta) avancé muchísimo. Ya me encontraba en lo conocido, aunque muy, muy, vacía de mí, escondidita en mi interior.

Ahora, a tratar de irme recomponiendo y engrandecerme por dentro para poder tenerme lo más posible, aunque ello también variase. ¿Por qué? ¡Por qué! ¿Sería la misma? ¿Qué partes de mí habría perdido? ¿Me recuperaría? ¿Mi cerebro volvería a funcionar de manera normal? ¿Cómo volvería a ver la vida? ¿Volvería a tener la chispa, la ilusión por las cosas como yo las veía antes? ¿Podría ser una persona más normal e integrarme con los demás? ¿Volvería a mi plano terrenal normal?

Lo que sé es que de ser "libre" de mí "misma" pasé a estar encerrada en "mí". Estaba rota por dentro. Era una niña cuando desperté a mi otra "realidad", y de qué forma me llegó todo de "lleno". Ello me destrozó. ¡Mas la responsabilidad de hacerlo mejor, de conocer lo que sí funciona, también era mi salida!

Para poder contarlo y ayudar en lo posible, salí de ello siendo una mujer, y más…, ji, ji. ¡Porque, etéricamente, cuando se unan tus aprendizajes, uff, es como tener siglos encima! Son muchas vivencias pasadas en otras vidas (en el mismo momento), ¡y eso a mí me pasó!

Sé cómo yo vivía, cómo era, cómo me tenía que tomar la vida. "Todo físico" era muy terrenal y no entendía nada de espiritualidad, y menos verla o trabajarla, hasta que tuve que despertar.

Cuando me metí en mi otra relación era como si yo trabajara más el futuro y él el pasado. Yo era energía en color (evolución) y él en blanco y negro…, más antiguo, por así decirlo. Para que entendáis un poco, mientras yo lo veía todo energéticamente y todo bonito, él veía lo antiguo (espíritus, brujas, demonios), no que la persona lo fuera, pero sí en otras vidas. Esas eran las energías que él movía, antiguas y peligrosas, y encima se mezclaban tiempos. ¡Horrible!

Lo pasado, pasado está; no debe mezclarse con el presente, simplemente con el aprendizaje, no en energías, sino en sabiduría. Porque si no, no estas ni acá ni allá. ¡Hay tanta distancia! La oscuridad me atrapó en su dialecto (lenguaje). Me quedé encerradita dentro de mí, en el mío.

Con el tiempo, yo también era mi pan de cada día (verlo). Y en el plano astral ni te cuento lo que se podía llegar hacer o que te hicieran. ¡Y eso repercute a tu vida cotidiana! ¡Vamos, sí repercute! Y si no, que se lo digan a mi exmarido, que de no saber nada de todo esto, al separarnos, cuando quiso a veces ayudarme, también le salpicaba a él. Y eso que mi última pareja todo lo veía bien en su forma de actuar y de sanar. ¡Ojo! Él siempre trataba de ayudar, pero vivía dentro de ese mundo y ese no era el mío para nada.

¡Yo me negaba a estar a merced de todo esto! Negaba una y otra vez que todo aquello mandara en mi vida y el no poder defenderme siempre lo rechacé. Sabía que mi esfuerzo y valentía de superación valdrían más que todo esto. ¡Encontraría la salida! Me negaba a no ser dueña de mi vida y creo que por eso pude salir de ello. ¡Ojo! Con esto pueden haceros mucho daño; lo mejor es salir de ahí rápidamente. No toquéis esas energías, no mováis esas cosas, pues nada bueno podréis encontrar ahí.

Este fue el motivo por el que me destruyó, por conocer todo esto y pensar que sólo había esto y que estábamos a su merced (al menos así quisieron hacérmelo creer). Y pensar que yo siempre intuía, pero no veía. Siempre tuve muchos miedos con respecto a esto e inclusive no podía quedarme en casa sola.

Y cuando me ocurrió, todo lo contrario, también son planos distintos, como de lejos.

Fui valiente y pensé debía saber para ayudar. Ni yo me creo cómo mi espíritu me ayudó a superarme, y ahí estuve yo, erre que erre con él, tratándole de explicar que había otras formas de proceder. ¡No me veía a mí como era! Pues no, veía sólo lo malo, las discusiones y cómo perdía los papeles. Normal, sí sé cómo hacerlo y no él no escucha. Le ganó su orgullo y su sabiduría y encima hacerme creer a mí que no había salida. Uff, qué mal. Él encerrado y yo también, ja. Él lo admitía, yo no. Él intentaba que no creyera en mí y muchas veces lo conseguía, pero no siempre, y ahí era cuando yo aprovechaba para hacerme fuerte y empujar a la vida, para abrirme paso.

Conocí una persona muy especial en esos tiempos; era muy espiritual y avanzado en "energía", pero a la vez muy físico y familiar. Pero, al igual que yo, no llevaba muy bien sus dones (espiritualidad); le llevaban mucho de él. Era y es un buen amigo. Siempre que podía estaba pendiente de mí. La pena es que no pudimos vernos o hablar más de lo que se necesitaba, porque en él estaban muchas respuestas. Lo necesitaba y me hubiera hecho el camino más fácil y rápido, pero, aun así, nunca dejé de creer en mí, por pequeña que fuera la posibilidad. Viva la vida y lo bonito.

Me volví más independiente y, cuando podía, salía a dar grandes paseos. Era entonces cuando reflexionaba y, además, mi cabecita hablaba mucho y lo necesitaba. Debía escucharme. ¡Era mi único momento en el que estaba sola conmigo misma! Lo necesitaba, ahí liberaba cosas y me llenaba de lo bonito para coger fuerzas y volver a la carga.

Mi niña no entendía por qué me iba sola muchas veces y le costaba, o peor que su padre, ji, ji.

Empujaba a la vida y me hacía un hueco donde veía que pudiera salir, aunque luego se volviera a cerrar. Ese momento lo vivía y me iba bien para mi crecimiento, pues siempre algo me traía y algunas cosas cambiaban.

A lo que vengo os explico: en una de esas me había hecho daño en un pie. No sé qué era, no fui al médico; esguince no era, pues me había hecho varios y no eran así. Roto no sé, ya que nunca me rompí nada. Pero sé que estaba un poco cojita y me dolía todo el empeine (la parte de arriba) del pie. A lo mejor era algo montado, no sé, ni fisios (médico) ni nada. Ala, yo toda cabezona, que soy un poco, tampoco había dinero para eso. A lo que voy es que pasaron meses así y yo iba al trabajo. Cuando lo calentaba iba mejor. Pues en una de esas salidas me fui varios días. Mi hija se había marchado con mi hermana y aproveché. Era un sitio más lejano y debía ir algún día más, y llevaba tiempo queriendo ir. Mi cuerpo me decía que debía ir. Mis salidas eran trabajos para mí y, además, sentía que allí me curaría el pie, ji, ji. Ya lo veríamos.

Gustos no podía darme, pero era necesidad (trabajo y avance), por eso lo hacía cuando podía, y porque no me quedaba otra. Bonita forma en que mi trabajo me obligaba a salir, ji, ji.

Pasaron muchos meses, pero cuando tuve la oportunidad me fui; olé.

Era un lugar precioso. Me fui de acampada sola, pero a un *camping*. Era pleno agosto y allí, en plena montaña, hace más frío, y, para colmo, me llovió. Tuve que esperar varios días para subir a la montaña, pues debía recorrer ese camino. No me iba a ir sin hacerlo. El pueblecito se llama Espot de la provincia de Lérida (Cataluña). Fui a ver el Lago San Mauricio. Precioso.

De repente, el Sol volvió a brillar. Ese era mi momento y me dispuse a salir. Siempre voy con mi perrita, se llama Luna. Nunca os dije que si hubiera tenido más hijos, me hubiera gustado llamarles Luna, si es niña, y, si es niño, Cristian, ji, ji. Y la vida me recompensó con esos nombres de otra manera: Luna, mi perrita, y Cristian también, pero no puedo decirlo, pues eso está en el futuro, ji, ji.

Cuando salgo a trabajar (energéticamente), las idas suelen ser las cosas que tengo que trabajar, conceptos sacar (mover), ver (darme cuenta), orientarme (exponerlo). Y dándole forma lo saco al exterior (salen de mí), por así decirlo, entonces tengo otra objetividad del asunto. Es mejor así porque, para resolver algo más rápido, hay que verlo desde fuera el problema. ¡Al no tenerlo pegado a nosotros nos es más fácil resolverlo! Cuando lo tenemos pegado a nosotros, la conclusión puede ser errónea o ni llegáis a tenerla. Vamos, para que me entendáis, es como ir sacando los ingredientes de un guiso, ji, ji. Y mi vuelta es la conclusión o conclusiones de varios temas. Además, veo (siento) los cambios en mi organismo, es así como mezclar todos los ingredientes y hacer el guiso. Espero que lo halláis entendido, ji, ji.

Por eso es muy importante tomaros vuestro tiempo, salir solos, escucharos y utilizar vuestra cabecita. Os puede ayudar mucho en vuestra vida cotidiana, a desenganchar esos problemas que no salen y, además, a crecer y evolucionar más rápidamente. Y os aseguro que disfrutaréis mucho del camino y tendréis sorpresas. La vida os habla y os dice mediante situaciones por dónde vais y hacía dónde debéis ir. Si no sabéis o estáis muy atascaos, hasta la tele hay que observarla en algún momento. ¡Tenéis mucha ayuda, así que a aprovecharla! Pero para ello, debéis decidir moveros.

A lo que iba; pasé un día extraordinario y de mucho esfuerzo por mi pie, pero fue bien la subida. Cuando venía de vuelta, ya después de un rato, pensé que, si mi pie no se me iba a poner bien aquí, ¿entonces dónde?, ¿cuándo?

En esas estaba yo cuando me paré, me giré, miré a mi alrededor y hablé con gente. La gente en la montaña es muy amena, se saluda y se ayuda entre ellos si hace falta. ¡Me encanta! Entonces me di la vuelta y, a la vez, eché el pie. Soy así de despistada; olé. Uff. Había un pedazo de árbol con sus raíces fuera y levantadas. ¡Ay! ¡Qué daño! Qué joya. Yo pisé mal, evidentemente. Todo el pie hizo "craff, craff" y los huesos crujieron varias veces para un sitio y para otro. ¡Qué daño! Hizo su trabajo, ¡pues recolocó algo! Madre mía, vi las estrellas en un breve periodo de tiempo, pero sirvió.

Me curé; olé. Estuve sentada un rato, pero cuando decidí echar el pie a caminar se encontraba perfecto. No me lo creía ni yo. ¡Ya caminaba bien, estaba curado! Increíble, ¿verdad? A mí me sucedió. Lo que quiero deciros con esto, es que avanzar es bueno para todo. El avance nos ayuda a arreglar cosas que no estén bien en nosotros en general, igual que podemos evitar enfermedades, y muchas otras que nos hagamos también podemos modificarlas, si avanzamos convenientemente. Si evitamos más que curar, mejor, ¿no? ¡Por favor, inténtenlo! Miren qué bonito regalo me trajo. Gracias, "vida" (montaña).

Por eso os he explicado una de mis aventuras, ¡para que veáis la importancia de salir! Sirve crecer (menor tiempo de sufrimiento) y llenarse (tener más fuerzas) para llevar mejor los malos momentos hasta poder salir de ellos.

Prosigo con mi historia. Estaba en la relación y las salidas fueron mi tabla de salvación (o flotador), ji, ji, hasta llegar a la orilla. Después de tres años encontré la salida. Estaba en mí. Él era mi carcelero y su vida (energías) casi acaba conmigo, gracias a que era mi propósito de vida (destino).

"Saber, para sí luego poder explicar".

Y no me debía pasar nada porque mi vida proseguía. ¿Pero qué pasa con esas personas atrapadas en esas energías? No quiero ni pensarlo. Horrible. Unas porque quieran estar ahí dices: bueno. Pero ¿y las que no? ¿Atrapadas? Horrible. ¡Qué tristeza de verdad!

Ahora yo conozco la salida. Podré ayudar y eso me da mucha alegría. Lo pasado, pasado está (superado). Tengo mi aprendizaje (sabiduría), que es lo que he de usar, ji, ji. Y también una bonita vida que disfrutar a mi manera, sin cohibiciones ni restricciones de otras personas, porque ellos sólo ven su vida y sus formas.

¡Hay más, amigo mío, mucho más! Por eso nuestras formas de vivir son distintas, pues hay mucha "evolución" que nos separa… Eso no pega ni con cola, ji, ji.

Dependiendo de en qué lugar estés (espacio, tiempo), eso se manifiesta en nuestras acciones y vivencias, y así progresivamente en nuestras vidas; hasta escuchar se distorsiona porque no estamos acorde en el mismo momento (espacio y tiempo). Y si encima nos empequeñecemos más, el paladar igual y el olfato. ¡Todos los sentidos cambian! ¿Y qué decir de tu mente? Pobreta, le faltan recuerdos, información. En fin, ¡eres una sombra de ti mismo!

No pretenderemos cuadrar evoluciones en "una". ¡Imposible! A no ser que ambas partes estén en el mismo espacio/tiempo, vamos, que sean de evoluciones parecidas. Esto sí lo entendéis, ¿verdad? Ji, ji. Sé que es complicado entenderlo, pero a mí me pasó. ¡Sé que mucha gente me entenderá y otros no! Pero existe, y a estas alturas es más obvio, de todas maneras. Uno de mis próximos libros por escribir será sobre este tema, pero más profundizado.

Sólo quiero haceros entender los cambios por los que pasamos, por qué ocurren ciertas cosas, que somos más que un cuerpo humano y qué, energéticamente, se mueve todo y de todo, dependiendo de nuestra evolución. Pero al estar en distintos planos, no tienen que afectarnos porque avanzamos, para eso existen.

Plano es como una pared (separación) artificial de energía y, además, nos ayuda avanzar y no volver hacía atrás. Y en ese espacio trascurre tiempo y espacio distinto al habitual (terrenal) y es cambiante. ¡Y nosotros somos eso (energía y puros sentimientos)!

Recordad cómo nacemos, puros, y cómo la vida nos va oscureciendo (nos escondemos) por nuestras vivencias y conflictos internos. En realidad, ¡nosotros decidimos cómo queremos vivir! Ello nos lleva a dónde habéis elegido, para bien o para mal. A veces no es elección, pues os dejáis llevar ante la vida. ¡Eso no es saludable! Pero... ¿y si tomásemos mejores decisiones? ¿Y si tomásemos las riendas de nuestra vida? ¿Y si decidiéramos ir a buscar lo que nos hace más felices? ¡Y sí tomásemos la decisión de conocernos mejor! ¿Qué pasaría? A lo mejor, podríamos disfrutar de quienes somos, siendo libres de nosotros mismos, y conectar con todo a través de correctas decisiones para llegar a hacernos un mundo mejor, donde no tengamos faltas importantes (vivienda, trabajo, solvencia económica) y estemos más sanitos interiormente (salud). ¡Porque ahora sí nos estaríamos dando vida! ¡Nuestros conflictos interiores nos enferman!

Chicos/as, hay que ganárselo. Esto no cae al suelo, como el fruto de un árbol, sino que hay que plantarlo, regarlo, cuidarlo, mimarlo y darle luz, pues tiene que crecer fuerte desde unas raíces sólidas. Y luego, más tarde, ya saborearéis sus frutos. Si no, ¿dónde está el esfuerzo? Sin esfuerzo no hay aprendizaje, y sin aprendizaje no terminaréis de conoceros..., entonces, ¿para qué sirve?

Yo os recomiendo: emprended el camino o continuar, si ya lo empezasteis. Es duro tomar ciertas decisiones y lo pasaréis mal, pero vuestro ser interior os ayudará más rápidamente de lo que pudierais pensad, y será más fácil.

Además, los logros serán muchos y sin querer buscar recompensa más que a vosotros mismos. Creedme que el esfuerzo será recompensado cuando encontréis por el camino tantos regalos que vosotros mismos os iréis dando sin querer. ¡Eso sí es bonito! Lleguen a ser vosotros mismos al 100%, ji, ji.

Perdonarme si me pongo un poco espesa. Trato de poneros en situación y de haceros llegar todo lo que creo que quizá necesitéis saber. Vosotros luego recoged aquello que queráis o necesitéis, nomás faltaba…, ji, ji.

Prosigo conmigo misma, ji, ji. Bueno, poco a poco estaba en mi terreno. Tenía a mi familia, gente querida a mi alrededor y mi hija, y por ella tenía que luchar e intentar de trasmitir mi sabiduría de una forma u otra. ¡Lo más importante que tenía a mi favor era que yo me conocía! Y aunque estuviera perdida (escondida) y hubiera evolucionado, ¡aún no sabía ni cómo ni cuánto se iba asentar en mí! Además, su "repercusión"…

Todas esas vivencias (aprendizajes), mi fondo, supongo, sería el mismo; más maduro, sí, pero yo. ¡Por qué! Si no, ¿cómo iba a volver a ser feliz?

A mí ya me gustaba cómo era, cómo veía las cosas, cómo me las tomaba, cómo disfrutaba de cada pequeño detalle y, sobre todo, mi paciencia descomunal para pasar malas rachas, y, además, llevar a los menos llevaderos (gente), ji, ji.

También, muchas veces, como todos, perdía los papeles, sobre todo en casa (pasado y presente) Y, como todos, tenía cosas que resolver para que fueran más satisfactorias para mí..., pero ese era mi aprendizaje: estar mejor, con todos los de mi alrededor y hacerme una vida mejor, sobre todo una donde me tuviera cada día más a mí misma y aquello que necesitase.

La cosa era que yo vivía en paz conmigo misma, y eso era lo que más querría conseguir: ¡mi paz interior! ¡Me conocía! Menos mal. ¡Es importantísimo! Y ello me ayudaría a hacer el camino para buscarme. Eso era todo lo que necesitaba, ji, ji.

Y así proseguí. Los días venideros fueron muy difíciles; mi vida ya no era normal ni yo, pero también había buenos. Estaba más entre mis seres queridos y mi mente estaba más tranquila.

Seguía hacia adelante, defendiendo mis pensamientos ante la familia. A la vez que yo iba evolucionando, mis padres también, pero aún quedaba cosas pendientes. Yo había cambiado mucho. Después de tantos años viviendo sola me sentía más independiente de ellos. Recordad que estuve unos siete años viviendo en otro lugar (Tarragona) con mi ex y mi hija, y entre eso y tres años más con esta última relación son cómo diez años que mis padres me vieron poco.

Yo era de estar en su casa casi cada día. A mi madre le gustaba prepararme la comida, aunque no trabajara, y si trabajaba, con más razón. Siempre, he sido muy de mi casa, de los míos, vaya. Pero cuando decidí marcharme a Tarragona nos alejemos un poquito, evidentemente, por la distancia, pero yo también necesitaba aquello. ¡Por ese motivo sólo me fui a una hora de camino! No quería alejarme tanto de ellos.

Pero sí es cierto que pasé unos años más alejada de mis padres. Debía estirar el cordón umbilical. Era mi aprendizaje. Estaba siempre muy arropada por ellos, y no porque yo lo necesitase, pero ellos eran muy protectores y tenían su porqué.

Debía salir del cascaron, ser más independiente, y menos mal, porque lo que me venía después era de AUPA, ji, ji.

Tenía mucho disgusto, pues no había disfrutado de mis padres más o ellos de mí, y eso conlleva también a algún conflicto que otro, como en todas las casas. Evidentemente, claro que crecieron (evolución), y yo lo vi poco (padres).

Además, recuerden que yo marché a Tarragona y hui de los problemas, pero luego tuve que irlos afrontando, porque nunca se van hasta que aprendes, ji, ji.

Ellos perdieron un hijo cuando nació y, claro, eran muy protectores con nosotras. Bueno, eso les dijeron, pero mis padres siempre han creído que ha sido un niño robado. En ese tiempo y lugar ocurrieron casos así. Además, nunca lo vieron dormidito (fallecido). Con los años buscaron pruebas, pero los papeles fueron destruidos y quemados, y en su tumba él ya no estaba. ¡Todos se lavan las manos!

Mi madre fue una vez con alguien con dones para que pudiera decirle, no sin antes sentir su corazón. ¡Vivía! Y ella se quedó con que está bien, vivo y tiene su familia. Al menos el corazón de mis padres así lo siente, por eso lo buscaron. Hay que aprender a vivir con aquello nos toca para seguir con nuestras vidas, y menos mal que decidieron tener más y llevarlo honorablemente. ¡Fue el primero!

Mis padres, para mí, son unos campeones. Siento orgullo de hija. Eso les haría ser más protectores y volcarse más en nosotras. Hacían más vida con la familia; éramos una familia muy grande y mi padre estaba con ellos desde la adolescencia. Eran como hermanos, aunque se llevaba mejor con unos que con otros. Tenían sus amigos, pero con el tiempo la gente se distancia más.

Mis padres, círculo social, poco, con la familia más. Y de vez en cuando, ya sabéis que mi padre era un poco encerrado en sí mismo, aunque mi madre no, ella era lo contrario.

Vivían más para sus hijas que para ellos mismos y, claro, estaban muy encima. Con el tiempo, evidentemente, teníamos más madurez y necesitábamos más independencia, ji, ji.

Todas mis vivencias pasadas me cambiaron y el saber más no me hizo más feliz, sino que me causó más tristeza. Y por eso intentaba cada día reconstruirme por dentro con lo que fuera consiguiendo, para mí y para mí hija, pero, sobre todo, era muy importante para mí estar bien con los míos! ¡A pesar de saber que nunca somos totalmente felices Porque nuestra felicidad no se basa sólo en nosotros, sino en los que nos rodea, lo que queremos y lo que apreciamos! Debemos intentar el saber cómo llevar la desgracia y el sufrimiento ajeno, que aquello no nos destruya, porque al del al lado flaco favor le estamos haciendo.

Además, nuestra vida se pararía con ellos y eso no es factible, ya que puedes dar más de ti mismo.

Hay que sonreír a la vida y entenderla, ¡porque es así! Eso ayudaría mucho a tu alrededor para que, a pesar de tus circunstancias, tú les llenes de vida.

Hay que seguir creciendo y avanzando, aunque otras personas no avancen cómo tú. Tenemos que estirar el cordón umbilical, aunque nos duela, ¡porque hemos de seguir y buscar nuestra vida!, la que sí queremos tener, lo cual podría tener repercusión para los demás favorablemente. Si no, verme a mí sería gratamente un pequeño ejemplo, si así lo queréis ver, ji, ji.

Sin dejar atrás a nuestros seres queridos porque, aunque ellos no avancen a nuestra velocidad al nosotros "saltar" ese avance, ¡ellos también lo hacen!, pero a su nivel. Fijaros en la repercusión de vuestros actos.

A veces, podríamos encabezar a otros. ¿Dependería de nosotros el avance de otros? Pues sí. ¡He ahí el porqué! El que tiene más herramientas tiene mayor responsabilidad y mayor sabiduría para poder hacerlo, aunque ello le cueste tanto y discuta tanto. ¡Cómo! ¿Por qué no lo ven como yo?,

¿es que no se dan cuenta?, ¿por qué no cambian?, ¿por qué no se ponen en mi piel?, etc. Ahí está la respuesta, ¡por favor! No perdáis más tiempo…, ji, ji.

Sé que me paro un poco más con otros conceptos y los amplio, pero es para que tengáis otro entendimiento y otro ángulo para percibir las cosas, pues no es sólo una vida común y sus problemas, ¡es mucho más que todo eso! Y he de explicaros lo mejor posible para que veáis cómo hacer y cómo llegan las cosas. Luego que cada uno se quede con lo que le apetezca. ¡Espero no ser muy densa! Ji, ji.

Prosigo con lo que os contaba de mi nueva vida… Me había costado muchísimo separarme de mi anterior relación, como ya sabéis, tanto por amor como por energías densas y oscuras.

Nos volvemos a remontar a que estaba en casa de mi abuela. Empecé mi trabajo nuevo y hubo muchos cambios, sobre todo en energía. Unos saltos… Madre mía.

Donde había estado metida, ahora todo iba a contra reloj. Uff, era como querer meterse en el mar cuando estaba revuelto, pues chocas con todo y cuesta ir hacia delante. Me costaba un mundo ser capaz de hacer las cosas y no encajaba nada, no sólo por las situaciones y la gente, sino que, además, yo sentía que energéticamente, uff, estaba fuera de lugar. Era como si esa parte del lugar que nos corresponde, donde nos sentimos bien, vamos, nuestro espacio personal, no existiera. No me ubicaba. ¡Estaba fuera de lugar! En fin, eso se magnificaba y mis situaciones diarias eran al revés.

No sé, por ejemplo, había accidentes a mi alrededor; yo limpiaba bloques y me encontraba desastres o personas desmayadas en el ascensor o se rompían cosas. Me quedé sin luces en una autopista, se metió un hierro debajo del coche, tocó el motor y rompió una correa de distribución en plena autopista; no todo en un día, ji, ji.

Sería la testigo de la boda de mi hermana, pero hubo líos en el trabajo, desastres y accidentes al salir del trabajo, y no pude firmarle. Me perdí la boda… Jopetas. Eran catástrofes que me perjudicaban en mi trabajo, haciéndolo más costoso. En fin, ¿qué íbamos a hacer? Tener paciencia, cualquiera explicaría esto. Yo sabía por qué.

Para que entendáis, eran los saltos de energía tan distintos, desde dónde yo había estado, que volver a mi lugar me costó muchísimo, pero nunca dejé de intentarlo y cada día acercarme más (plano a plano). Del mío estaba lejísimos, esto en mi lenguaje espiritual (energía).

Pero luego estaba la espiritualidad de mi ex, que, como hemos dicho, era antigua. Eso eran palabras mayores. Ahí se manejaban ya cosas verdaderamente negativas y malotas y como quería constantemente que volviera con él, ¡pues a mí no me iba nada bien! Podéis haceros una idea.

Pero no hay que contrarrestar con lo mismo, sólo ser persistentes en vuestro camino y vosotros lo solventaréis. Por eso la espiritualidad no debe ser dañina en absoluto. Nosotros no movemos nada, sólo nuestras decisiones.

¡No movemos lo que no se tiene que tocar! Y de este tema, ya os comenté, habrá un libro, para que se conciencien aquellos de dónde se meten, dónde no deben, dónde se creen jueces de otros, dónde dicen que ayudan y se aprovechan y dónde no hacen ver a las personas que no necesitan cosas (objetos, etc.) para ayudarse, exceptuando a ellos mismos o personas que sí puedan ayudar con más juicio. Porque en ellos está lo que necesitan; han de creer en sí mismos, ¡lo demás viene sólo de orientarlos a que vuelen solos!, ¡no a que dependan de otros! ¡Enseñémosles sus herramientas!, ¡enseñémosles otra vida!, ¡enseñémosles su fortaleza!, ¡enseñémosles a que se descubran!, ¡enseñémosles a superarse!, etc. Pero "aquí", ¡por favor!, en el presente (Tierra). ¡Aquí estamos! Vivamos y disfrutemos de la Tierra.

No valláis dando brincos y vueltas por ahí porque lo veáis bonito, pues tiene su lado oscuro. Cuidad en dónde os metéis porque quizás no salgáis.

Todo existe, pero son planos distintos y evoluciones diferentes. Intentad vivir en el presente, porque el pasado puede haceros mucho daño. Perdonarme que me repita, pero es así.

Recordad que el trabajo de la oscuridad es teneros atrapados dentro de vosotros mismos para que no evolucionéis, y, además, manteneros lejos de vuestros seres queridos, porque ahí sois vulnerables.

Nadie os conoce mejor que vuestra familia y seres queridos, pues crecisteis con ellos. La espiritualidad también tiene su evolución y es mejor energéticamente (lo último). Así lo veo yo.

El hombre no puede manipularlo, pues va a través de nosotros. Somos autosuficientes. No hay intermediarios de por medio. ¡Va más rápido! ¡Y sólo somos nosotros con la propia vida (creación)! Por ello, seguid evolucionando, no perdáis tiempo; es para vuestro beneficio propio; ¡ahí encontraréis vuestra verdad!, ¡el cómo sois en realidad y lo fuertes que podéis ser y todo aquello que vosotros mismos os podéis dar!

A mí me da tristeza cómo se usa y se abusa de la espiritualidad, o energía. Y luego pagan justos por pecadores y la gente escucha la palabra y sale corriendo... Normal. Y lo perdidos que pueden llegar a estar y que se sientan diferentes y superiores a otros, cuando todos somos iguales y venimos del mismo lugar; nos separa la sabiduría nomás (aprendizaje).

A lo mejor una persona terrenal puede ser más feliz que uno que está por ahí correteando en espiritualidad, fíjate tú.

Ser uno con vosotros mismos nomás y lo tendréis todo. Porque a mí me pasó. Aunque disfrutaba de lo que veía, no me perdía en ello. Lo tomé con normalidad y tampoco nunca me sentí más que nadie, sólo tenía otra sabiduría, además, bastante tenía yo con todo lo que me ocurría.

Cuando yo conocí a mi ex y desperté al plano espiritual, con él era muy espiritual; vibraba 100% en esa armonía,

¡y eso aquí no es posible! Porque luego ponerme en mi lugar, uff (de la vida), cuesta muchísimo. ¡Y eso ni quién lo consiga! Pero intentaría asentarme donde debía estar, ¡encontraría mi lugar!

Yo quería ser física y lo más normal posible, ¡y por mi familia lo intentaría! Respeto todo, pero allá cada cual como quiera vivirlo. A mí no me sirvió.

¿Para qué queremos estar tan despiertos y estar tan lejos de los nuestros? ¡Eso aquí no sirve! Está en esa sintonía que no es buena para nosotros.

Vivimos divididos entre planos de existencia y de tiempo. Nuestro cuerpo trabaja diferente y no todo a la vez, ¡que es lo que tenemos que tratar de conseguir!

100%, aquí y ahora, debemos tened los pies en la tierra, pues estamos aquí (presente). Lo que sirve es saber que existe y poder utilizarlo. ¿Cómo? Atravesando la energía a lo físico (terrenal) para que funcione en nuestras vidas y así vivir mejor. Y ese es mi trabajo.

Yo os recomiendo ser lo más terrenal posible, pero, eso sí, en nuestra totalidad, que es aún mejor. Si hacemos las cosas bien, es posible que luego la vida nos recompense en este tema (espiritualidad).

Continuamos con mi historia… Recordad que me mudé a casa de mi abuela, tenía trabajo y poco a poco estaba mejor, pero seguía teniendo frentes importantes abiertos.

Mi última pareja estaba buscándome. El papá de mi hija no se portaba bien con ella. Mi espiritualidad (intentando reencontrarme conmigo misma) y, a la vez, todo era tan diferente (yo veía todo energéticamente).

Seguía viviendo entre dos mundos. Recordad que mi ex estaba en blanco y negro, antiguo, y yo en color, lo nuevo.

El papá de mi hija nos pasó únicamente dos meses de manutención. Luego hubo muchas peleas porque estaba con otra persona y su hija ni la veía… ¡Y anteriormente poco! Y continuó así, a pesar de estar sola. Mi hija sólo tenía 13 años cuando nos separemos.

Mi hija era una adolescente que necesitaba a su padre, y él siempre estuvo mucho por ella, mientras que estuvo en casa. Por eso el golpe para mi hija fue tan fuerte y horrible, lo cual la marcó y lo pagaba conmigo. Entendible. Y encima le había puesto otro hombre, pobreta, y ella no lo tragaba mucho. Era mi camino, lo triste es que ella venía conmigo.

Pero este hombre un flaco favor me hizo. Y encima yo estaba con todo lo mío; más problemas me daba y, para colmo, el no ocuparse de su hija ni darle amor… No me ayudó con ella cuando más lo necesitaba.

Y me fuera ido también. Él siempre estuvo conmigo al pie del cañón y con la niña cómo cambió. Nos hubiera podido ayudar a ambas.

En fin, fue muy duro para ella y para mí. Yo intentaba que no se sintiera mal con ella misma, pues no era su culpa… Era él el problema, pero que un niño no se sienta querido por su progenitor, creo, es una de las cosas peores que puede tener un ser humano (en amor). Así lo veo yo y lo viví. Le puede frustrar toda su vida y, por ello, marcar y cambiar su personalidad. Esto más otras vivencias mías duras para ella, como ver cómo me marchitaba y no poder estar más por ella.

Pero nos las arreglamos. Yo trabajaba todo lo que podía y, si necesitaba libros o ropa, vendía lo que me había regalado: collares, pulseras y anillos (oro), como muchos hemos hecho, ji, ji.

Mis padres también pasaban momentos malos económicamente y no me podían ayudar mucho. Además, yo me apaño con poco. He pasado mucho y no me pilla desprevenida. Mi madre, cuando podía, algo le compraba a mi hija. Mi hermana pequeña también se volcó mucho con ella y le compraba cositas que ella ya, como adolescente, necesitaba; más de lo que yo le hubiera dado.

A pesar de no tener, siempre he intentado que valorara lo que tenía. Niños de su edad tenían cosas antes y ella más tarde. Si no lo necesitaba, ¿para qué? Y si no se podía, ¡que no se frustrara!

También la dejaba que se fuera con mi hermana por ahí o algún fin de semana en caravana con mis sobrinos, en fin, que disfrutara todo aquello que yo no le podía dar. Pero eso, a la larga, ¡a mí me trajo consecuencias!

Lo importante es que ahora mi hija estaba mejor, que era lo que a mí me importaba bastante. ¡Habíamos pasado!

Yo veía que mi niña crecía con dolor, con rabia; ella no es, de decir las cosas, sino que se las traga. Cuando se enfadaba, que casi siempre lo estaba conmigo, yo pagaba su frustración, algunas del padre y otras mías. La llevé a un sicólogo y tampoco funcionó. Iba creciendo, pero no tenía aspiraciones en la vida y tampoco las cosas le hacían vibrar. Yo intentaba que viese todo lo que podía dar de sí…, ¡pero ella no se veía!

El padre la estuvo mareando dos años, diciendo que ahora voy a verte y no venir, haciéndole ilusiones y luego pisoteárselas. Él le decía que la quería, que estaba mal y que no podía ir. Mi hija me decía: "Mamá, papá me dice que me quiere, ¡y eso no es verdad!". ¿Cómo le explicas esto a una adolescente? Yo fui clara con ella: "Tu padre toma estupefacientes/drogas. Te quiere a su manera. Él no es él, ¡está enfermo!". La oscuridad también lo atrapó a él. No superó lo nuestro, se fue por la vía más rápida(olvidar) y abandonó a su hija, lo más querido por él, según él. Mi hija dos años tardó en decirle: "¡No quiero verte!". Le dejó de llamar papá.

Así, ella empezó a asimilar y digerir esa relación a su manera. ¡Pero ya podía continuar con su vida! Y entonces vino el cambio. Empezó a ser más extrovertida, más risueña, a tener más amigos, a pasárselo mejor, a disfrutar de la vida. Menos mal que ella tenía buen carácter con la gente. Dónde iba la apreciaban y sabía estar donde fuera. Era muy fuerte.

Siempre he intentado jugar mucho con ella y reír, cuando no discutíamos, claro, para que llevara mejor las situaciones difíciles. Eso también le ayudaba. Siempre intentaba que lo malo fuera más llevadero. Y rompiendo corazas, cuando podía, ella me dejaba entrar.

Pasó de ser una niña tímida y con vergüenzas a ser, poco a poco, todo lo contrario. El patito se me hizo cisne (preciosa). Perdón, pero es mi hija y es todo para mí, sea cual sea nuestra relación, ¡como para cualquier madre! Ji, ji. Y yo he sido y soy madre y padre, ji, ji. Desde sus 13 añitos.

Y así fuimos evolucionando las dos. Ya era yo. Me reencontré, ji, ji. De igual manera, el pollito había salido del cascarón.

Con todo lo que viví, ahora era yo, pero más evolucionada, con toda la sabiduría que tenía, pero aún tenía mucha tristeza por lo vivido y por todo aquello que había conocido. No era como yo veía la vida ni la vivía, pero el saber tanto en una espiritualidad antigua me destruyó. Pensé que debía vivir así, aunque nunca perdí la esperanza y seguía luchando porque las cosas debían ser diferentes. No aceptaba su mundo. Era destructivo y el mío era creación, renovación, etc., ¡una espiritualidad más avanzada!

Pasó el tiempo y mi última pareja ya no me molestaba. ¡Yo aún no había encontrado mi alegría tal como la conocía! Ayudaba al que podía y durante esos periodos, y venideros, me dediqué a "curar" con mis manos, energéticamente.

En lo nuevo, en mí, como era yo: evolucionada.

Efectivamente, podía hacerlo. ¿Por qué no lo iba hacer? Eso me daba mucha satisfacción y alegría en ese instante. Anteriormente lo había hecho y ahora sería mejor. Porque, si yo estaba más avanzada, ellos irían más rápido en cuanto a sanar y evolucionar en sus vidas. Así podría ayudarlos más y avanzarían muchísimo.

A la vez, yo también arreglaba los asuntitos que tenía pendientes, y uno de ellos era mi hija y su cordón umbilical. Recuerden que aquel vacío siempre lo llevé conmigo. Un día salió a flor de piel y estaba ahí esperando que lo solucionara, pues a ello fui. Podemos arreglar cosas pasadas en el presente de otra forma. Veréis, le pedí a mi hija que si, por favor, se ponía encima de mí, ombligo con ombligo. ¡Imaginaros lo grandota que es! Le expliqué y le pareció raro, pero aceptó. Pensé en aquella situación y recreé en mi mente el momento. Antes de cortar el cordón umbilical unifiqué ambas partes con el amor de madre, así, cuando se la llevaron, no me quedé vacía. La unión no se rompió. Ya no hubo distancia y cuando me la devolvieron se asentó. Y a la vez nos estaba ocurriendo a ambas en el presente. ¡Maravilloso, así se me llenó aquel vacío!

Vuestras decisiones dan pie a modificar, solucionar y poder ayudaros a vosotros mismos. Para eso está la energía, que puede ayudarnos muchísimo, no importa el tiempo. Aquí podéis ver cómo la energía atraviesa lo físico.

Voy con otro ejemplo: mi madre me ha llevado poco al colegio. En Córdoba estaba muy lejos y me llevaba una tía guay, hermana de mi padre. Era muy maja, me he reído mucho con ella y tengo muy bonitos recuerdos. Ha cuidado de mí y de mis hermanas. Luego, en Barcelona, yo era más grande y me encargaba de mis hermanas.

A lo que iba: me ha quedado un vacío y una falta de que mi madre me acompañara al cole. ¡Para qué! Es una gran madre, no nos faltaba de nada, estaba pendiente de todo con respecto a nosotras y era protectora. Pero, mira, la vida quiso que yo pasara por ello así.

Como aquello era algo que yo llevaba en mí no satisfecho, necesitaba arreglarlo. Le pedí a mi madre que si, por favor, me acompañaría a mi último colegio cogidas de la mano, como si me llevara al cole. Me respondió: "Ji, ji. Sí. ¡Olé!". Y así lo hicimos. Junté todos mis momentos, faltas y nos dispusimos a caminar hacia el colegio cogidas de la mano y con una charla normal diaria, ¡pero yo estaba haciendo mi trabajo! A la vuelta se empezó a llenar ese vacío y luego alegremente se marchó aquella necesidad.

Ahí todo lo hice físico, pero el arreglo en nosotros, energético, se hizo sólo con nuestras acciones. ¡Es la grandeza de mi mundo! ¡Si sois conscientes, ya se crea lo que se necesite solo!

¿Veis cómo podemos arreglar las cosas? Es poneros en situación y sacar a flor de piel aquello que necesitéis arreglar. Pero para ello debéis miraros hacia dentro y romper carcasas, ji, ji. No hacen falta discusiones, volver al pasado ni marcar a una persona toda la vida. Sanas y lo haces para ti (en ti), entendiendo la situación, evidentemente, si no, tampoco llegamos a un buen puerto, ji, ji.

Prosigo. Aunque tenía más sabiduría y me encontraba mejor, aún me sentía con más edad de la que tenía. Pareciera que tuviera siglos, uff.

Capítulo 20

¡Alguien muy dulce!

¡De repente apareció alguien más joven que yo! Lo conocí en mi trabajo y en 15 días me enamoré de él. ¡Me salvó de mi tristeza!

Él es físico 100% porque no cree en nada de la energía. Sabe que ayudo a gente, sano y les cambio la vida para bien, pero él no entra ahí y lo respeto. Mi pareja es alegre, honrada, trabajadora, noble y ve la vida desde un punto muy especial, parecido a mí, ¡y ya con eso me vale!

Él entró en mi vida cuando había decidido estar sola. No quería volver a enamorarme de otra persona, uff, y yo con mis cosas, ¡ya sabéis!

Pensé sola, o la pareja, que sí, me acompañe siempre…

Y, como sabéis, yo iba camino de reencontrarme conmigo misma, más física, y pues ocurrió. Ese sentimiento se pudo poner encima del otro sentimiento porque yo ya no vibraba en esa vibración (tan espiritual) y, al ser más física, era la pareja quien ahora me tocaría. No sufrí más por mi anterior pareja, se había empequeñecido. Evidentemente, al igual que yo, empequeñecí. Ya estaba en mi plano terrenal, donde debemos estar.

¿Para qué queremos ser tan grandes, si nos vamos a encontrar más solos perdidos y encima nos abandonamos (nuestro cuerpo)? No es la vida que deberíamos llevar, pues hemos de mezclarnos; aprended y compartir. Y, si se puede, hay que dejar que los demás aprendan algo nuestro, y viceversa, ji, ji.

Sois cruciales en la vida de los demás, cada uno en su aprendizaje, aunque no lo veáis así. Es importante valorar a todo el mundo.

Yo trabajaba en una empresa de limpieza, como os comenté, y, con el tiempo, fue allí donde lo conocí. Era muy dulce, cariñoso, tenía pureza y era como un niño, como yo había sido hace pocos años atrás. Su interior era como el mío, siendo sólo Yolanda. Lo digo así, sin mi espiritualidad.

Bueno, en lo sucesivo sólo me tocaba estar en mi edad, ¿verdad? Ji, ji. Él fue una pieza importantísima para conseguirlo, era la chispa de la vida que necesitaba para que volviera a cambiar de color. Pero no era nada fácil. Él venía de una evolución en la vida que yo entendía y respetaba, pero no había pasado por mí completamente.

Con mi anterior pareja aprendí un poco a estar en pareja, tener más libertad de movimiento y hacer muchas cosas sola, como visitar a la familia, amigos e hijos y ocuparme de responsabilidades y economías distintas. Ya teníamos una vida hecha y, a más a más, era mayor que yo por 15 años (mi anterior pareja espiritual). En fin, era lo que ahora me tocaba: aprended cosas distintas en pareja. Él también curaba. Lo respeto.

Yo venía de un matrimonio tradicional. Él casi no se despegaba de mí y casi todo lo hacíamos juntos: amigos, familia, gustos. Me apoyaba muchísimo en él. Eso nos llevaba a compartir más tiempo, aunque a veces traía más problemas, pero, bueno… Nos conocimos cuando yo tenía 16 años. ¿Ya ves? Son vivencias distintas, dependiendo en qué momento estés en la vida. Si no hubiera decidido evolucionar, seguramente estaría allí, en mi comodidad. A pesar de…

Como os contaba, mi actual pareja era un chico de 33 años, 10 menos que yo. Lo conocí a mis 42 años. Su vida no había sido nada fácil. Su mamá murió cuando él tenía 17 años, de cáncer, y su papá no quiso estar con ellos. Tiene un hermano mayor que él. Cuando su mama murió se quedaron solos y no se la llevaban bien, o sea, se fue de casa. Estuvo algún tiempo con su tía, pero también se marchó. Ha estado de un lado para otro, en habitaciones de alquiler, pero también ha encontrado gente buena por el camino que le ha ido echando una mano. Hasta en la propia calle ha tenido que vivir. En fin, lo suyo ha pasado.

O sea, él ha conocido todo tipo de gente y nunca ha perdido la sonrisa ni tampoco se ha perdido él, y mira que tiene una enfermedad en los dientes (hereditaria) que requiere dinero para arreglarla y no ha podido ni por esas. ¡Esconde su sonrisa! Él es cómo es. Si él acepta a todo el mundo cómo es, ¿por qué los demás no hacen lo mismo? ¡Eso se pregunta él! Pobrete.

Él viene de una familia de fumadores de... Ya me entendéis. ¡Y eso hace que la gente lo condicione por eso! Y a mí me pasó... Me enfadé muchísimo conmigo misma al haberme enamorado de él con esa condición. En lo sucesivo, lo fui conociendo, y eso era algo muy suyo con lo que había crecido, era parte de él y parte de su personalidad..., y su jerga. Yo veía que otras partes de su personalidad eran buenas, pero eso lo marcaba un poco, ¡aunque hoy en día ya no es como antes! ¡Hay tanta gente fumadora! Hasta por motivos distintos, incluyendo enfermedades. Y está mejor visto, pues ayuda mucho con el dolor, pero, claro, somos tantos y con distinta evolución, distintas opiniones... Claro, había trabajos donde le podría afectar y otros no. Él sólo hecho de saberlo ya era malo.

En fin, aquello a mí me afectó. Lo puse al límite, pero no funcionó. No lo iba a dejar, era parte de él. En lo sucesivo, me costó muchísimo aceptarlo, pero al final lo acepté. Él era así y ya. ¡No significa que me guste, pero convivo con ello!

Cuando se lo presenté a mis padres me había devuelto la sonrisa y había salido de una relación mala, pero, cuando supieron, mi padre no lo aceptó. Mi madre sí; si me hacía bien, debía aceptarlo. ¡Qué iba hacer! Y yo que ya venía de otra relación que mis padres no aceptaban y que me la pasaba sola para todos lados. Otra vez igual. Acepté lo que mi padre pensaba y lo respeté. A partir de ese momento, iba y venía con ellos sola. Ya estaba acostumbrada. ¿Qué iba a hacer?

En mi familia hubo gente que no le importó, sobre todo mi hermana pequeña. ¡Podríamos hacerlo!

Aunque sea un rato, favorecemos al prójimo. No se sientan tan excluidos por su condición, si tiene buenos sentimientos y no te hace daño. Esa es mi opinión. La persona está ahí, déjala salir luego cada mochuelo a su olivo, ji, ji.

No se ha de hacer lo mismo por mezclarse y así tampoco nos asustaremos cuando se nos acerque alguien de manera diferente, siempre que os respeten y delante no lo hagan, evidentemente. ¡A mí me ocurrió y yo ni sabía cómo olía eso!

¿No habéis pensado alguna vez cómo es que la gente va aprender otras cosas si no se mezcla? No hacerlo, sino vivirlo más cerca, en cualquier circunstancia, si toca, evidentemente. A mí me ocurrió en mi espiritualidad.

Como ya sabéis, mi círculo cambió. Conocí a gente con distintas vivencias y a la hora de "sanar" todos son iguales. Yo estoy ahí para ayudar, si puedo. Luego, sí, cada uno a su camino, pero no les cierro la puerta antes.

¿No habéis pensado que no hace falta sanar (tocar) a la persona para ayudar? Sólo siendo vosotros mismos, si os cruzáis a alguien que necesite vuestra energía y vuestro corazón, con vuestras vivencias, lo podéis ayudar, aunque no sea como vosotros, porque muchos de ellos pueden necesitar esa mano ocasional, y viceversa. Pensadlo (aprendizaje).

Empezamos la relación. Nos conocimos en mi trabajo de la limpieza; él también comenzó a trabajar allí. Al principio, la relación entre hija y pareja estaba bien, pero luego, con el tiempo, no fue tan así. Yo era todo para ella y ahora esta persona en mi vida... Uff. Ya había pasado por otra anterior pareja (la entiendo; ojalá no fuera sido así). Al principio estaba contenta porque me hacía sonreír, ji, ji.

Como ya sabéis, ella venía de que su papá no la veía y ya ni ella quería; él lo intentaba, pero la dejaba tirada, hasta que ya no le dio oportunidades, y era como que la pagaba conmigo. Me hablaba mal, no con insultos, pero sus palabras me herían; entendía que ella pagaba sus frustraciones conmigo. Ese lenguaje fue usando conmigo, siendo normal en ella; no lo hacía a propósito, pero no era el correcto.

Claro, mi pareja se tuvo que venir un tiempo con nosotras. Él estaba en una habitación del alquiler y por circunstancias se estaba sacando el carnet; eran muchos gastos y le quise ayudar. ¿Para qué? Tuvimos que levantar una pequeña pared en el comedor para tener nuestro espacio. Ahí era convivencia y a él le molestaba mucho cómo me hablaba ella. Yo no se lo podía quitar y teníamos que convivir... Aguantaba... Era mi hija. Por más que le dijera no se le quitaba. Igual que a ella, lo aguantaba a él. No era un chico cotidiano y tampoco de raíces ni familiar. Venía desde joven de estar casi con gente desconocida cada dos por tres. La vida le había puesto en esa tesitura.

Y empezaron a topar y a topar. Y como una conoce a su hija no la conoce nadie; malentendidos entre ellos, en fin. No era convivencia y, cuando se pudo, se marchó. ¡Nosotras debíamos estar solas y mi hija debía tener su lugar!

Le entendía a él y a ella. Es duro estar en medio. También lo que yo aguanto no tiene nadie que aguantarlo, y hablo de cara a los dos. Es difícil llevar una relación cuando no es su progenitor. Al menos yo lo viví así. Debes tener tiempo para ambos y, al no llevar una vida juntos, los gustos y las salidas son distintas.

Ella tenía una edad muy mala: adolescencia. Y él venía de gente que ya le habían hablado también mal sólo por ser como era.

Él es un chico especial: tiene dislexia y TDA y hay que tener paciencia (en el entendimiento) y encima no se quiere medicar, jo, pero es respetable.

La verdad, mi hija me tenía muy preocupada, angustiada, triste. No le hacían ilusión las cosas y como que no tenía perspectivas de futuro ni ilusión iba haciendo. Ella, sin embargo, no estaba apagada ni triste, pero era más fría ante las situaciones. Y ya le estaba bien, eso sí, pedía abrazos, como todo el mundo, aunque yo no se los pudiera dar como ella quisiera y cuando quisiera. Cuando te hacen daño, llega un momento que no te nace como tú quisieras. Es mi hija y la quiero con locura, y eso no va a cambiar nunca. Ella es mi "todo", aunque no sepa verlo.

Ella siguió estudiando, pero tampoco le llenaba del todo, pero se sacó sus cursos, por si acaso. Era muy responsable para su edad. Yo nunca tuve ningún problema de colegio, con gente ni con travesura. La verdad es que tenía muy bien la cabeza en su sitio. Además, las madres de sus amigos me decían: "Tu niña es un encanto, está educada, sabe estar". En fin, si para los demás… Para mí también, a ratos, ji, ji. Luego se volvió más extrovertida.

A pesar de todo, nosotras muchísimas veces nos reíamos muchísimo. Es muy graciosa y jugábamos también tonterías, ¡pero yo la subí (crecí) así! Nunca perdamos la sonrisa ni dejemos de jugar.

Hasta que un día, ella dejó de jugar. Ya era más adulta y eso ya no iba con ella. Hasta vergüenza le doy a veces. Qué tonta. Nunca hay que dejar de ser niños. Hay que llevar nuestras responsabilidades bien, sí, pero eso no quita lo demás. Luego nos volvemos demasiado rectos (duros); no sé, no va conmigo. A mí me pasa a temporadas, pero luego vuelvo a lo que sí me da alegría…, a pesar de mis circunstancias.

Mi hija es la persona que más me entiendo, aunque parezca mentira. ¡Entiende lo que le explico y por qué! Y tiene mi sintonía de risa; eso es muy bueno, ji, ji.

Ya sabéis, la juventud lo sabe todo y no deja que te metas ni opines casi nada.

Si yo no hubiera conocido a mi pareja, seguramente, hubiera sido complicado cuando mi niña empezaba a salir y a conocer más gente y otro tipo de gente. Me hubiera afectado mucho, seguro, y le hubiera cohibido más su libertad, teniendo más miedos. En ese sentido, creo que fue mejo. Ella tiene dos dedos de frente y sabe dónde tiene que estar, inevitablemente. Su juventud no es la nuestra, nada que ver, y con lo protectora que yo era…, uff. Pero no me quedaba otra, como a todos los padres, ¿verdad? Tenía que confiar en ella. Nunca me trajo problemas a casa y eso es de agradecer.

Como ya sabéis, estábamos en casa de la yaya (abuela). Mi pareja se había mudado y seguíamos la relación así. El bloque y sus problemas, ji, ji. De vez en cuando, nos cortaban la luz y tardábamos días en dárnosla, bueno, en que la arreglaran. La gente que llevaba ese bloque cobraba los alquileres porque estaban enganchados a la luz. La gente del bloque llevaba años intentando poner contadores, pero faltaban papeles y siempre estábamos igual. Ese bloque no se terminó bien y ahí estaban los problemas. En verdad, no sé cómo no salimos ardiendo alguna vez. A mí me daba un miedo… No lo pensaba, pero estaba en mí. Y encima nosotras vivíamos en un bajo y con rejas, uff.

Yo allí me sentía enjaulada y con mucho problema en ese bloque, y yo que percibo las cosas, uff, tuve que irlo solucionando e intentar aislarme de todo eso. Y, cuando pudiéramos, nos marcharíamos, pero yo ganaba poquito como para irnos mi niña y yo a otro lugar. Y piden tanto que pensé hasta una habitación, pero con ella mejor no por las personas desconocidas.

Pero, sabéis, no hubiera ido mal que otros le dijeran a mi hija que hay responsabilidades en una cosa y que no deje cosas por ahí, ya que a mí me ignoraba. ¿Y sabéis por quién tenía el respeto que a mí me debía tener? A mi hermana. ¿Os acordáis de que os dije que tanto dejarla que disfrutara con ella me pasó factura?

Capítulo 21

Mis decisiones, sus conflictos

Con 17 años, mi hija me dijo que se quería marchar de casa. Fue cuando entró mi pareja en mi vida. Me rompí por completo y sentí un dolor.

¿Cómo? Quería irse con mi hermana. Lo hablemos y no cambiaba de opinión. Sabía que, si le decía que no, iba ser peor, una lucha diaria, y si la dejaba, podría ser un bien para ella o darse cuenta de su error.

La dejé ir con todo el dolor de mi corazón. Tres meses me pasé de la cama al sofá y del sofá a la cama, exceptuando mi trabajo, con una tristeza… ¡Yo a su edad hice lo mismo, pero a mí no me dejaron!

Mi hermana decidió que mi hija volviera a casa porque no podía con ella. Normal. Ella tenía unos hábitos y era difícil corregirlos, y mi hermana es muy estricta. Supongo que se daría cuenta de lo que aguanta su madre. A mí me trataba, no sé, como a una hermana que siempre se está enzarzando, eso sí, a ella le obedecía bastante.

Pensé que, si para ella era bueno, pues ya está, lo importante es que se hiciera una persona de bien y responsable, que ella fuera feliz en su vida, que creciera como persona. ¡Y nosotras, algún día, pues podríamos ser mejores...!

¿Qué iba hacer? Lo intenté hacer de mil formas distintas y sólo chocaba, pero de vez en cuando conseguía algo, como romperle corazas y que avanzara, pues ya estaba bien para ella.

Aunque yo, tema hija lo tuviera pendiente, no conseguía que me hablara bien.

A mí me importaba mucho que ella supiera defenderse en la vida, amoldarse a las situaciones y reveses que nos da la vida y sobre todo que fuera fuerte. ¡La verdad, me tenía muy frustrada, pero, bueno, lo que no puedes cambiar llévalo lo mejor posible hasta que lo puedas cambiar!

La verdad es que era culpa mía. Yo no había sabido tener mano dura con ella, pero es que eso no va conmigo. Y como mi padre sí la tuvo conmigo, eso me causó lo que me causó: temor y estar más retraída en mí. Pasé de un extremo al otro, ji, ji, y no supe llevarlo. Pensé que con el tiempo ella vería las cosas... Además, necesitaba la figura de su padre.

Tengo un cuñado muy majo, de esta misma hermana, y él siempre le ha hecho sonreír y ha estado por ella. Ella hacía lo que yo le permití.

Mi compañero y yo íbamos creciendo como pareja, pero con dificultades y estilos de vidas diferentes (evoluciones distintas); ahí aparecía el daño.

Rompimos tres meses y ahí se quedó la parte tradicional que me quedaba, él no lo era y yo iba camino cada día a serlo menos, pues ya había empezado con mi anterior pareja (aprendizaje). Yo aprendía y para adelante (otra forma de hacer las cosas), el caso es que ese era mi camino y él siempre estaba ahí.

Él también debía aprender y adaptarse a otras responsabilidades y una forma de vivir que antes no llevaba. ¡Era un niño con una mochila y ya! Esa era toda su casa, de aquí para allá, hasta que me conoció. Ambos teníamos mucha paciencia el uno con el otro.

Capítulo 22

La espera me devoraba por dentro

Pasaron los años y, en otro momento crucial, mi pareja tuvo que volver a casa. No tenía trabajo y, claro, el alquiler hay que pagarlo.

Yo había cambiado a otro trabajo, limpieza también, pero en casas. Me empezó a ir bien. No me lo creía, tenía mucho trabajo y cobraba bien, ji, ji. Ya era hora, al fin podía tener mi nevera llena y salir un poco con mi hija. Trabajaba todo el día y ahora daba sus frutos.

Quería buscar algo de alquiler, pero pedían mucho. Mi hermana pequeña quiso ayudarme, como siempre que ha podido. ¡Es una gran hermana! Pero no se pudo. Y otra vez todos juntos, uff. Fue el colmo, porque esta vez no fue poco tiempo.

¿Qué iba hacer? Él no tenía a nadie y me necesitaba. No quería que mi hija también estuviera mal, tenía que entender, pero yo me sentía entre la espada y la pared.

Bueno, ahí íbamos. Él no encontraba trabajo y pasaba el tiempo. Miró otras opciones, amigos, unos días nomás. El piso alquiler tampoco podíamos...

Y yo cada día más angustiada. Trabajaba mucho y no era plan llegar a casa con discordia. No tenía paz.

Hubo un momento en que la que se quería ir era yo. Y lo hice, vamos, sí lo hice. Me iba a reventar la cabeza. Me taladraban estos dos; a veces no era a malas, pero con medias risas, pero pesados. Se chinchaban muchísimo. Yo quería paz y juntos no me la daban. Desde que entré en la espiritualidad, mi cabecita es lo más frágil que tengo. Cuando necesito silencio, ¡lo necesito!

Eran muchos cambios y mucha información para procesar. Necesitaba adaptar mi cabecita a todo, pero ellos no lo entendían así y no me lo ponían fácil.

Me fui una noche y volví porque no era plan, sino mi pareja se marchaba evidentemente y no iba a estar, en la calle. Yo había esperado mucho para darme mi tiempo. Cuando salí de mi otra relación quise darme un tiempo, viajar y recuperarme; es más complicado hacerlo con todos los de tu alrededor, al menos en mi caso. Y no lo hice por mi hija, pues, aunque se quedara con mis padres, no era igual. Y tuve que hacerlo, costándome más, pero da igual, la cosa era que yo necesitaba un cambio, aunque el color de las cosas hubiera cambiado a mejor, no era dónde tenía que estar. No me daba la vida que yo necesitaba.

Recuerden que yo me rompí por completo. Luego debía irme pegando (por así decirlo) la de antes con la de la evolución y a la vez ir creciendo desde dentro, hacia fuera.

Recuerden que estaba escondidita en mí, y ahora o se hacía bien o no sirve. No vale cualquier cosa ni cualquier parche. ¡Debía asentar bien en mí o no avanzaría! ¡No era el lugar donde renacería bien!

Debía esperar porque mi hija tenía que crecer y no era el momento. Así lo decidí y esperé el momento oportuno.

Claro, todo aquello me iba pasando factura. Me estaba recuperando de mí cuando me vi otra vez mal. Me costaría asimilar ciertas cosas y aprendizajes en mí, si yo quería seguir con esa relación. Él estaba en mi camino que sí quería seguir por mí misma, pero me volvió a ocurrir… Ya me lo había dicho el médico: si pasa en un brazo, puede ocurrir en el otro. Efectivamente, me ocurrió (estrés), pero yo supe el momento y el porqué, ¡el médico no! Al menos eso me comentó. No sabe por qué pasa y es posible fuera estrés.

Imaginaos cómo afecta a nuestro cuerpo el cómo nos tomamos las cosas. La intensidad que les ponemos a nuestras emociones pueden hacerlas muy dañinas, y si no las digieres bien, o les pones mucha carga, si no tienen por dónde salir, "explotan".

Eso sí, me afecto muchísimo menos porque me tenía más a mí misma, pero yo tenía mis propios conflictos con la que era (grande, espiritualidad) y la que quería ser (pequeña, terrenal). Debía ir asentando cosas y que mi cuerpo las aceptara. Venía de mucha grandeza e intensidad de todo, y eso no le puedes meter a un cuerpecito así como así.

Astralmente, no necesitamos el cuerpo, y así yo no quería trabajar ni vivir (antiguo). Y ese era mi trabajo: cuidar de mi cuerpo, que todo funcionara bien y asentarme en él (nuevo). ¡Y eso es todo un camino a seguir!

No afectar al cuerpo con mis emociones era lo que tenía que cuidar y simplificar mucha sabiduría; así lo haría más rápido. Encontrar el equilibrio.

Yo tenía la costumbre de que a veces mi sufrimiento lo llevaba por dentro, y eso me dañaba y sino, mi dureza de mis espaldas, estos últimos años, con todo lo que pasé, de tirar del carro, de seguir cómo pudiese, fuerte sí. Antes me lo callaba todo y ahora no. Pasé de un extremo al otro.

La rabia, el coraje, la decepción y la injusticia dan mucha fuerza. ¿Y de qué sirve? A mí me sirvió para salir de lo malo, porque me comían. Yo no estaba sola, mi hija contaba sobre todas las cosas, pero no es así cómo deben hacerse. ¡Por qué!

¿Y mi interior? ¡Roto!, ¡cosido como podía! Eso no podía ser, por eso, al irme más terrenal, tuve que saber cómo digerir mis emociones, no chocar con lo que no entendía y poder cuidar de mi cuerpo y de mis órganos. Aún no sé cómo no me quedé en una de esas… Bueno, sí…, porque tenía que explicarlo, ji, ji.

Cuando estáis limpitos (de vivencias negativas) por dentro, os sentís bien con vosotros mismos, tenéis paz. Cuando entra de repente algo malo (situación) se nota muchísimo, podéis sentir que hay algo que interfiere, ¡y esa es la forma de que valláis sacando y no escondiendo!

¡Sabéis lo blanditos qué somos en realidad! Cuando nos acostumbramos a lo malo no nos damos cuenta de lo que puede afectarnos, pero cuando nos quitamos corazas, si supierais el daño que hacen las cosas, tendríais otra percepción de vuestras emociones para no llevarlas al límite. ¡Os dañáis muchísimo! ¡Encontrad el equilibrio en vuestras emociones!, ¡por favor! Reflexionen en ello.

Por eso es tan importante cambiar de vibración. A lo mejor encontrarás otro tipo de personas de las que ya no tendrás que defenderte de esa manera. Pero, como yo estuve en el mismísimo infierno, recordad: ¡no veas para salir! ji, ji. ¡Me costó muchísimo!

Capítulo 23

Todo lo vivido debía servir para algo

Decidí trasmitir lo que sabía.

Una vez ya asentada en casa de mi abuela, yo estaba mejor (era más yo) y decidí ampliar la ayuda a los demás. Quise dar clases de espiritualidad para enseñar el camino, pero no se me abrió esa puerta como yo quería. También hice terapias en grupo a través del baile; era divertido y se lo pasaban bien, ji, ji. Porque sanar puede ser divertido y no tiene que ser traumático. Al menos así lo veo yo.

Probé otras cosas y veía que no podía alcanzar a las personas como yo quería, o, mejor dicho, ¡como ellos necesitaban! Tampoco podía dedicarme completamente por mi trabajo (limpieza), mi familia y la angustia que pasaba a veces en casa, tanto sola como acompañada, uff.

Ese no era un plan. Yo necesitaba estar más tranquila, y a veces no lo estaba. Eso no lo entendían (familia), y si lo entendían, se les olvidaba. Anda que una hace todo por ellos y luego son muy egoístas, pero ¿qué vamos a hacer, ji, ji? Se les va de las manos.

No era el momento de hacer mis cosas (trabajo espiritual), o no de esa manera. Todos los acontecimientos iban al revés, que les iba a pedir.

Ellos (familia) hacían seguramente lo que debían hacer (trabajo espiritual); ¡así lo entendí yo!

De mientras, yo vivía en pausa, por así decirlo, no parada, pero sí en la resolución de mi vida. La parte energética estaba parada y, aunque mi vida seguía, no lo hacía en la dirección que yo quería y necesitaba desarrollar. Pero tenía obligaciones y decidí esperar.

¡Sabía hacia dónde iba, pero no cuándo! Las cosas tenían que irse dando; las piezas deben ir encajando como un puzle. Yo debía ir haciendo espacio para ello y todo no depende de mí. Las piezas (puzle) son mi vida y todos los que la componen.

¡Y, esperando, en una de esas pensé en escribir todo aquello que supiera y sirviese a la gente! ¿Por qué no?

Se me abrió ese nuevo camino al cerrar el otro (local, para mi trabajo). Seguiría sanando a mi alrededor, si se necesitaba, pero eran pocos. Llegaría más lejos y a más personas desde aquí.

Y como yo deseaba mucho tener una caravana o autocaravana y viajar un poco, ¡era perfecto! El ordenador me lo llevaría a cualquier sitio. Mi vida personal se ponía acorde con mi trabajo espiritual. Perfecto. Era la suma de ambas, ji, ji. Y era la libertad que yo necesitaba, lo último que me faltaba para sentirme completamente libre. Iba acorde con la vida que yo quería llevar, casi sin proponérmelo. ¡Para mí también fue una sorpresa poder alcanzaros por aquí! Mira qué bien me vinieron las clases de mecanografía de mi niñez, ji, ji. Nunca se sabe para qué puede servir lo que aprendes.

Yo no necesito que me aten para tener ataduras, yo esas ataduras las siento de otra manera, como vivencias, acontecimientos, lugar, etc.

Yo voy más rápida, pero espero a los míos para que se den las circunstancias de poder hacerlo, ¡no de querer hacerlo! Eso sí, muevo las circunstancias que a mí me corresponden. Los demás han de mover las suyas.

Toca a veces esperar y tener mucha paciencia (sin prisas, pero sin pausa). Mientras estéis en el camino correcto, no estaréis perdiendo el tiempo. Todo se irá poniendo en su sitio cuando corresponda y lo que valláis recogiendo (aprendiendo) será beneficioso para vosotros.

Mi vida tiene que ir acorde con mi familia, si no, no sería feliz, y esa es la forma de no desenganchar el cordón umbilical y estar todos en el mismo presente (familiarmente). Luego ya cada cual (persona individual) a su vida privada y la pone donde desea o puede (decisión suya). Por eso, si no es el momento, no se puede; quieres ir a la ficha delantera y aún no colocaste la anterior.

Debemos irnos haciendo sitio, espacio, para afianzar las cosas. Eso también nos ayuda a engrandecernos. Deprisa y a lo loco no sirve. Además, cada situación y decisión tomada te lleva a otro lugar, y quizás eso ni lo pensaste, pero está ahí. Las cosas se van dando cuando es el momento, no cuando tú quieras. Hay vivencias que debes vivir que aún tú ni sabes. Tanto tú como los de tu alrededor…

Las piezas del puzle deben ir colocándose bien, tenedlo en cuenta. Y nosotros somos la última pieza.

Pensé en el día que yo pudiera dedicarme a escribir. Debería tener mucho tiempo y centrarme mucho. Ahora tenía demasiado trabajo, así que a esperar con mucha paciencia. No era el momento ni yo me encontraba para ello.

Durante esos años de relación con mi pareja se me abrieron otras líneas de tiempo alternativas y futuros con desenlace y algunos "veía". No hagáis caso de lo que os digan, vean o veáis. Debéis decidirlo vosotros, con hechos. Es mi opinión, si no, no podréis averiguar cómo lo hice yo. Espero no ofender a nadie, sólo son mis vivencias y debo explicarlas así, si no, ¿cómo van a avanzar?

Que cada uno elija dónde quiere estar en la vida (evolución). Para ello debe saber y hay que mostrar información. Luego, allá cada cual. ¡Sois libres de elegir vuestras vidas! Para todos los que ayudan, compañeros, gracias. Hay sitio para todos y evoluciones distintas. ¡Trabajemos lo que nos toca! Hay muchos por ayudar.

El futuro es variable, no está escrito, lo escribís vosotros con vuestras experiencias y aprendizajes. No os conforméis. Lo que no puede cambiar es el trabajo que venís a realizar (propósito de vida), el "destino".

Tranquilos, el desenlace tampoco se hace en una sola vida. Vosotros marcáis (tiempo) al desenlace, según vuestro aprendizaje. ¡Los caminos para llegar son decisión vuestra!

Quiero decir que yo pude elegir hasta cinco personas y caminos diferentes para hacer mi vida, y entre ellos, estaban mis "ex; todos al mismo tiempo (caminos). Lo digo con humildad. Quiero decir que esas partes de mí estaban; yo podía elegir cualquier vida y me hubiera amoldado a ella, pues estaba en mí. Podemos ampliar nuestra vida y decidir qué nos va mejor; tenemos opciones y hay que buscarlas. No os conforméis. ¡Somos mucho más de lo que conocéis!

Lo que quiero decir con esto es que cualquier camino no sirve, sino el que tengas que vivir ahora, en el presente, en esta vida, no en todo lo que somos. En realidad, a mí me hacía más feliz el camino que elegí y él estaba más hecho para mí en su interior. Y yo cada día estaba más cerca de mi origen… Yoli, la que sí quería ser en esta vida, porque buscaba esa Yoli adolescente que me encantaba y ella empezó a cambiar cuando tenía 16 años y conoció al papá de mi hija.

Con lo que he luchado yo por ser como soy... Poco a poco he roto limitaciones para crecer por dentro y que se me vea por fuera.

Miedos, rechazo; no soy común. Vergüenzas, el qué dirán y chocar con tantas cosas, personas, situaciones... ¡Vivencias, como todos vosotros!

El punto de vista de cómo se deberían comportar las personas y cómo se deberían hacer las cosas lo tengo desde que tengo uso de razón. No entendía que el ser humano se comportara así y me encerraba mucho en mí y en mi familia; lo mismito que mi padre, pero, en realidad, yo no quería ser así, y gracias a lo mío (trabajo) cambié.

Me abrí más a la gente y a sus formas distintas de "ser" y de "hacer". Los acepté tal y como son. Debía dejar de ser tan perfeccionista y abrazar la imperfección, ji, ji. Había comprendido todo lo que tenía que comprender y me amoldé a la sociedad, en vez de ir chocando con tantas injusticias hacia los demás y todas las que me han hecho, pasar a mí, ji, ji.

Recordad: todo es un aprendizaje. Contra más luches a contracorriente, ¡peor! Hasta que no aprendas no saldrás de la situación. ¡Vosotros veréis, ji, ji! Hay que aceptarlo y luego intentar cambiarlo de bien, cuando se pueda. Paciencia.

De mientras, hay que recoger vuestro aprendizaje, y si ese camino no sirve, no pasa nada, paren y cambien a otro, que seguro de algo os sirvió. Todos nos equivocamos y no pasa nada, si podéis cambiarlo, háganlo, y si no podéis, prosigan por el camino. Seguro seréis distintos, porque sólo el hecho de querer cambiar las cosas, uff, es un gran aprendizaje.

Capítulo 24

Mi padre

Proseguimos con mi historia. Nos quedamos en que mi pareja volvió a casa y no encontraba trabajo. A su vez, yo había decidido que trasmitiría mi sabiduría por la escritura. Eso me llevó a un cambio de plano (espacio energético, distinto), un lugar diferente al que llevaba. ¿Qué pasó? Pues los acontecimientos empezaron a cambiar para tomar ese camino. Ya estaba en él.

De golpe, después del verano, mi padre enfermó. Y aquí nos regresamos al principio del libro. Fue entonces cuando le diagnosticaron la enfermedad a mi padre y al poco tiempo entró el COVID en acción.

Pero aún me queda una aventura más para llegar a mi momento actual, ji, ji, donde soy yo en realidad y ejerzo mi propósito de vida (lo que venimos a realizar en esta vida).

Sobre la enfermedad de mi padre, nos quedamos en que necesitaba un trasplante y ya el COVID estaba circulando.

En el momento en que tuvimos que quedarnos un tiempo en casa, creo recordar que para mí fue un mes o así, decidí empezar a escribir. Tenía mucho tiempo y no se podía salir. Quizás aún no sería el momento, dada la situación familiar que estaba pasando. ¿Y sí luego no podía dedicarle mucho tiempo? Pero con el COVID ya aquí no se podía perder más tiempo. Evidentemente, las circunstancias ya nos estaban dando de lleno y había que cambiar cosas, las que pudiéramos.

Capítulo 25

Mi reflexión

¡Por qué no ha pasado! ¡Porque sí! ¿Por qué no ocurrió antes? ¿O por qué no ocurren otras situaciones? ¡Hay tantas que pudieran ocurrir!

Es triste que a las personas haya que llevarlas al límite para que cambien. Eso es así y parece que no le dan importancia a ciertas cosas, a no ser que pasen por ellas.

Creo que necesitábamos evolucionar y hacer grandes cambios, pero para que eso llegue se ha de pasar por otros que no agradan. El cambio no es siempre fácil y puede ser algo doloroso.

Para que otros vean lo que tienen que ver, o para que otros hagan lo que tienen que hacer.

Cada uno tiene su trabajo y para unos será algo más agradable que para otros (dependiendo de su aprendizaje).

¡Lo que está claro es que para que la humanidad cambiara algo fuerte debía pasar! Y hemos empezado, pero quizá ocurran más.

En mi momento actual, vamos ya con la guerra de Rusia. Qué pena que ocurran estas cosas. ¡El hombre y sus malas decisiones! En fin, espero que todo se apacigüe.

Que los sucesos sean llamadas de atención que ahora deben salir para que hagan cambios y la gente empiece a darse cuenta de hacia dónde vamos. Si no lo hacemos en conjunto, al menos individualmente consigamos cambios en nuestras vidas.

Sé que todo lo que se ha venido encima ha hecho cambiar a mucha gente y que valoremos más lo que tenemos y lo que no. Y dejémonos de tantas cosas livianas, que no sirven para nada, o coger hábitos que antes no tenían, como disfrutar del campo, estar ansioso de abrazarnos y besarnos, etc. ¿Cuánta gente iba al campo (momento COVID) porque era un lugar abierto y no había densidad de gente? Al menos yo lo he vivido así. Estaba en ciudad. Y al final hasta les gustan (la gente no solía ir) las cosas así; se han tenido que obligar para que se haga. Y ahí está la cuestión de todo: ¡el cambio se ha de obligar!

No debería ser así, pero, a veces, hasta que no llegan las circunstancias no hay manera de que la gente se dé cuenta de tantísimas cosas que deberían ver y experimentar. A veces sólo ven de frente y deberían cambiar de miras (ángulo).

A lo mejor se va un poco mal encaminado por la vida y es momento de reaccionar y parar. ¡La Tierra nos muestra las equivocaciones del hombre! ¡Tomemos las riendas de nuestras vidas! Démonos un respiro, pues quizás no vamos bien.

Seguramente, con esta situación que vivimos hay mucha gente que se ha quitado "carcasas", que nos ponemos para evitar que nos dañen por dentro. Vamos a la velocidad que la vida nos lleva. Ante la terrible situación vivida, el ser humano ha estado más en su esencia, ha podido abrir más su corazón, sin temor. Ha sido global el apoyo, pues el problema era para todos. Ha sido mi primera vez que yo haya vivido que todos hayan ido a una a sus formas, pero a una, a combatir la enfermedad. ¡Quizás sea un principio de unidad, no sé! ¡Esperemos! Por eso mismo es un principio de algo.

Poneros las pilas y cambiad vuestras vidas, que hoy estáis aquí, pero mañana no sabéis. ¡Al menos dejad huella y estar contentos con vuestra vida! No podemos dejar nuestras vidas a merced de otros, pues cuando viene algo así ni ellos pueden controlarlo. La vida (planeta) pone las cosas en su sitio cuando es su momento y eso no se puede parar ni controlar como quisiéramos. ¡Hace su trabajo cuando le toca hacerlo, ni antes ni después!

Pero tampoco se puede parar todo. Aunque sea duro, venimos a aprender unos de otros también y está dentro de nuestro aprendizaje (una de nuestras vidas, de tantas que hemos vivido). Si entendiéramos este concepto, a pesar de ser duro, seguro sufriríamos menos por todo y veríamos la vida desde otro ángulo. ¡Por favor, pensadlo!

Ocurre lo que tiene que ocurrir, lo que el ser humano siembra, ni más ni menos. Menos mal que la propia vida (su esencia) es más grande que el ser humano y está por encima, porque, si no, no sólo ocurrirían estas cosas, sino más.

La última decisión no es terrenal. ¡Quedaros con eso! Es una gran ayuda. Entra cuando puede o es su momento, no cuando quiere (globalmente), y no son decisiones a tomar.

La creación se mueve de manera distinta energéticamente; la vibración cambia y ya y subimos de evolución. La energía lleva su graduación; es cómo matemáticas, pero sin serlo. Y cambiamos de planos y se van graduando según necesiten. Quiero deciros que es complicado; se mueven sólo y cogen sus medidas, como deben hacerlo. Y en esa nueva etapa entran otras circunstancias que nos llevarán a diversas situaciones, que eso ya se verá. Se irá creando según se necesite.

Esto es así, a mi entender, porque así lo he visto y vivido yo. ¡Ya cada uno que coja su percepción y viva lo que quiera vivir, pero al menos conozcan lo que hay! ¡Y cómo funciona!

Recordad que venimos a hacer un trabajo y ahí nadie entra. Somos nosotros con nosotros mismos y el planeta. Es mi opinión y lo que yo he vivido. Pruébenlo y así experimentaréis cómo funciona y encontraréis la verdad de la creación.

Lo que en este momento se necesita y funciona nos llevará a ser nosotros, junto con el planeta, más rápidamente (evolución energética).

Capítulo 26

Mi sabiduría

Estábamos en el momento en que tomé la decisión y me puse a escribir. Mi pareja me ayudó, pues entiende mucho de ordenadores y yo como que poco, ji, ji. Así empecé mi camino.

Es cierto que empecé a escribir mi libro hace un par de años, y en verdad, si cuento el tiempo que escribí, es poco. Pero me faltaba la coletilla, ji, ji, el desenlace para ir hacia mi nueva vida. Eso me ha llevado por momentos no muy buenos y, la verdad, ha sido un poco duro proseguir mi libro. No me podía poner siempre que quisiese, ji, ji. A veces la tristeza me abarcaba mucho.

Yo intento trasmitiros paz, serenidad, paciencia, valor, esfuerzo, alegría y mucho cariño. Sobre todo, valoraros más a vosotros mismos, lo bueno, evidentemente, lo malo lo desecháis, ji, ji, y de ello cogéis el aprendizaje.

Claro, he tenido mis paros, pero, además, eran oportunos, porque son parte de mi vida. Debo cruzar mis propios límites, como cualquiera, y encauzar mi vida…, lo que me quedaba.

La última parte "yo, energéticamente", los míos ya estaban en su sitio, era mi momento…, ji, ji, para llegar hasta vosotros, ji, ji. Y ahora sí todo directo, libro tras libro. Ya tengo unos cuantos en mente, ji, ji, y poco a poco los iré escribiendo y trabajando para poderlos costear, para intentar ayudaros lo más posible y abarcar mucha más información, dependiendo de la evolución de la persona.

Estoy preparando cursos (escritos y meditaciones) para así llevar un camino más concreto y específico (simplificado), donde os será más fácil llegar a vuestro destino que sí decidiréis…, o ya habréis decidido, ji, ji.

Mi aprendizaje en este terreno ha sido más largo para tocar todos los campos y evoluciones distintas. Pero yo he podido simplificar todo esto para vosotros y así hacer el camino muchísimo más corto, y os aseguro que es de agradecer, ji, ji.

Creo que los cursos os podrían ir bien, ahí soy más explícita y se habla más concreto de cada etapa de la persona. Es un camino por seguir y sería más fácil hacerlo, y os ayudaría en todos los aspectos que necesitaseis cambiar y mejorar. Puedo ayudaros. Sería muy conveniente para vuestras vidas.

Ahora, mi trabajo dependerá de vosotros. Si decidís leerme y que yo esté aquí, ¡será vuestra decisión! ¡Yo he llegado hasta aquí y a seguir! ¡Valoradlo vosotros!

Espero no perderos mucho en la lectura y no haberme repetido mucho, y perdónenme si me enrollo como una persiana. Una cosa me lleva a otra y no quiero que se me olvide lo importante. ¡Hay tanto que decir! Ji, ji. Y ahora sí prosigo con mi desenlace, ji, ji.

Capítulo 27

Mi verdadero camino

Mientras escribía me daba cuenta de que lo hacía bien, que no me costaba expresarme y que donde había querido hacer cursos hablados me cortaba y no decía todo aquello que quería decir. ¡Aquí sí nadie me miraba ni me cortaba! Era más cómodo. ¡Ojo! Seguramente, cuando me leáis, verás que me sonrojo, ji, ji. Aquí tengo muchísima más libertad de expresión, la que me faltaba, y, además, creo que me sale todo acorde y más simplificado (aunque parezca mentira, ji, ji). Es justo lo que necesitaba y como yo quería. ¡Qué guay! ¡Es como si hubiera nacido para la escritura! Yo nunca hubiera imaginado el tener esta capacidad de trasmitir de esta forma.

Pero el querer alcanzaros a más salió el propósito de mi vida (destino). Lo sé, hace pocos años, pero es que, si yo no hubiera tomado duras decisiones y no hubiera avanzado en mi espiritualidad, no hubiera encontrado el camino ni a mí, la que ahora soy y conozco.

Yo tan tímida y sólo me movía en mi círculo. Chocaba con muchas cosas y parte de mí estaba escondida; me costaba hacerme un hueco en esta sociedad. Y para mí, con los míos (familia, amigos), ya estaba bien, porque he sido mucho de los míos y de estar muy apegada a ellos.

Avanzar para mí fue alejarme, y eso cuesta muchísimo. Es un duro aprendizaje, pero tuve que hacerlo. Recordad: alargamos el cordón umbilical, vamos y venimos. Cada vida tiene su trascendencia, para unos más que para otros. ¡Qué le vamos a hacer! Y hoy por hoy lo llevo lo mejor posible (acostumbrándome). No es fácil.

Imaginaros lo que toca cambiar cuando toca hacerlo, si no, no llegaríamos a nuestra meta (destino). También es nuestra felicidad (propia), ji, ji. Y a ello voy. Mi explicación os doy.

Capítulo 28

Un destino muy... esperado

Ya sabéis que venía de no encontrar piso, bueno, no poder cogerlo, mejor dicho. Piden demasiado y, sobre todo, papeles.

Mi pareja estaba en casa sin encontrar trabajo y ya sin cobrar ni paro. Mi niña estudiaba. Mi padre seguía con su enfermedad, esperando su trasplante. Y yo estaba escribiendo este libro (mi vida).

Cuando mi padre estaba esperando su trasplante, empecé a darme cuenta de cómo había llegado la enfermedad y lo de prisa que había ido, hasta llegar a ese momento. Podría haber ido más lento, pero no fue así, había llegado rápidamente a la cumbre de la enfermedad. ¿Por qué? Fue ahí cuando me di cuenta de que se iba a curar, que había sido rápido para hacerlo bien y llegar al trasplante. Y así también se evitaría más años de sufrimiento. A mí me quedaban muchas cosas por hacer y no era su momento. Si no, yo no podría marcharme. Se curaría, ji, ji. Estupendo.

Al menos yo lo veía así, por eso tomé una de las decisiones más duras de mi vida. Ahora no huía como la vez anterior, cuando marché a Tarragona porque no sabía enfrentarme a algunos de mis problemas, los más importantes; ahora iba de frente, sin rodeos y dejando todo asentado. Quería avanzar, pues llevaba mucho tiempo en espera. Ahora era más consciente de todo y me sentía en paz conmigo misma y con mi alrededor. Exceptuando a mi hija, pero en esta cuestión tendremos tiempo en la vida para poner las cosas en su sitio, ji, ji. No queda de otra.

Fue así que decidí marchar lejos, a 900 kilómetros, para poder realizar mi vida (personal). No sé ni cómo pude tomar esta decisión sin mi hija, sin mis padres, sin mi familia. ¡Estaría muy lejos!

Cómo os he explicado alguna vez, vamos evolucionando y cuando llegan ciertas decisiones, ¡puedes con ellas! Porque el cuerpo ya se preparó para este momento. Y esa es la riqueza interior que debemos ir dejando salir. Somos más grandes y competentes de lo que nos podemos llegar a imaginar. Saquemos nuestro aprendizaje de vida tras vida y nos ayudaremos muchísimo a enfrentarnos a nuestra vida cotidiana y a la realidad de ella.

Podéis cuestionar lo que os digo, evidentemente, ¡pero es así! De algo nos tienen que valer los sufrimientos anteriores (vidas) o los vividos en ésta. Haceros valer.

¡Utilizad vuestra enseñanza!, que para eso lo habéis vivido y sufrido. Vuestro ser interior lo sabe nomás (vivir) y por eso tenéis una gran ayuda de vosotros mismos. No lo olvidéis: ¡sois muy grandes!

Mis padres se hacían mayores. Yo aún no había volado lo que necesitaba y para luego sería tarde. Mi niña ya había crecido lo oportuno; era mi momento y no me daba ni cuenta. No podía demorarse más porque nunca encontraría el momento oportuno para hacer algo así. Aquí lo había intentado y no se me abría más la vida: mi pareja sin trabajo y mi nena estudiando y sin ver el momento de independizarse; normal, pues era joven y en casa estaba muy cómoda. ¿Pero cuántos años necesitaba mi hija para hacerlo? Yo no sabía esa respuesta, pero seguro que unos pocos, y no la iba a invitar a marchar, ya que es mi hija. También es su casa. Y no porque estuviera mi pareja, pues él se hubiera marchado en un momento u otro. Se trataba de ella y de mí, de nuestra continuidad, que no era buena, por eso pensé que le dejaría todo lo que tenía para que ella estuviera bien. Tenía que hacerlo yo y debía dar el salto.

Desde luego, no podía seguir así. Por eso tomé la decisión de marchar más lejos y buscarme las habichuelas en otro lugar, sobre todo una vivienda digna que sí se pueda pagar, ji, ji.

Estaba en una encrucijada. Él no tenía a nadie que le ayudara y me tocaba aguantar. Sé que primero estaba mi hija, pero una persona necesitaba techo y no podía pagárselo. Yo les hacía entender que teníamos que aguantar e intentar estar lo mejor posible hasta que mi pareja pudiera marcharse. Él también tenía sus cosas y eso acarreaba conflictos entre nosotros y, por supuesto, entre ellos, como en cualquier familia (sólo que nosotros no éramos un núcleo familiar y eso acarreaba más conflictos).

Y con todo lo que yo trabajaba, más aquello por lo que estábamos pasando con mi padre, pues estaban los nervios y el mal humor a flor de piel (normal).

La casa pequeña y la nena muy cómoda, ji, ji. Hasta para mí misma ella me tenía en un sinvivir. Yo me hubiera independizado de mi hija un año atrás, si hubiera estado sola. Me dejaba ser madre hasta donde a ella le iba bien, ya sabéis. Bendita juventud. Desde los 17 años me está pidiendo su independencia, pero no con palabras, sino con hechos, uff. Pues ya estaba yo que para qué, ji, ji. Y mira que yo no tenía prisa por vivir en pareja, para nada. Esperaba que mi hija trabajara y se hiciera más independiente y madura para vivir sola, pero las circunstancias y su comportamiento para conmigo hicieron que fuese más rápido. Todo es un proceso y a mí me tocaba despegar, por eso las situaciones se daban así, para llegar a esa conclusión: marchar.

Seguro que yo también habré echo cosas que molestaban a mi hija o eran insuficiente para ella. Creo nos parecemos un poco, pero en mi juventud, o cuando discutía con su papa, y encima lo mío (trabajo espiritual) no ha sido fácil, y la comprendo; tuvo que "compartirme". No siempre podía estar cómo me necesitaba porque yo no estaba ni para mí. Yo creo que en lo más importante no le ha faltado. He intentado estar siempre encima de sus necesidades.

Amo a mi hija, pero no nos entendíamos, yo no aguantaba más, había abierto mi camino y debía seguir. No es algo que puedas parar a Mercè, te valla bien…

Las cosas tienen su proceso y tardas en tomar decisiones, pero cuando ya las tomas van rápidas. Todo se mueve acorde a esas decisiones. Y el cambio de nivel se nota (planos).

Unas cosas cuestan más y otras menos. Tu cuerpo toma ciertos cambios y aquello a lo que le tenías paciencia y que tu cuerpo resistía ya no puedes tolerarlo. ¡Se acabó el tiempo! Y no hacerlo (cambiar) es terminar de destruirte, pues ya no tienes herramientas para ese proceso porque cambiaste (a través de tus decisiones) y estás en otro plano distinto al habitual. Eso requiere incorporarte lo antes posible o todo se deteriorará más. Además, te arrastra una fuerza centrífuga (Tierra) que te pone en el lugar que has de estar. Y ya no tienes decisión para echarte atrás o más tiempo. ¡Es tu camino, es tu decisión, tú la has tomado! Sé consecuente con lo que decidiste y al menos date la oportunidad, luego ya se verá.

Cómo sabéis, a veces desfallecemos en cuanto a nuestras decisiones, así tendréis una gran ayuda y el avance que necesitáis, ji, ji. Eso sí, no tomarla sólo de cabeza, sino con todo nuestro organismo, mente, corazón, alma (energía), con todo, y asentarlo bien. Así sí podréis cambiar de plano, y ahí está la ayuda y vuestro crecimiento.

¿Por qué ocurre esto? Llevo unos años uniendo mi parte energética con mi parte humana, y, a su vez, mi reloj biológico lo desperté y me acoplo (fusiono) energéticamente con el planeta para ir, a la vez, en conjunto y en el presente (evolución energética).

Todo es un proceso y ocurren estas cosas y más. Yo le llamo "regalo". Es fascinante cómo se mueve todo, ji, ji. Hay circunstancias y situaciones rápidamente favorables para ti que te están esperando para que pases por ahí, y hay otras creándose en el momento. Y con nuestro esfuerzo, lo que podemos lograr... Podemos enlazar con todo, si llevamos bien el camino, por eso es muy importante ir asentándote bien en ti, poco a poco, porque lo asentado no se irá. Una vez que empezamos a conectar con todo ya es para siempre. ¡Nuestro reloj biológico empezó a contar!

Tu vida no pasa desapercibida por la Tierra, sino que formas parte de ella y estás en un constante movimiento. Y así más fácil es avanzar. Tenemos ayuda. ¡Para eso está! Sólo hay que saber cómo hacerlo funcionar. Y este, amigos míos, es mi trabajo: darlo a conocer y sacar vuestra parte energética, ji, ji. ¡Por algo se nos ha dado! ¡Hay que aprovecharlo! Lo haremos funcionar desde nosotros (nuestro interior), fusionándonos (conectando) con toda la creación (exterior). Y así iremos hasta conseguir nuestro "presente" más rápidamente.

Lo he explicado así para que vayáis entendiendo un poco cómo funciona la energía a través "de mi vida". Por ello he sido tan explícita en mi vida personal. ¡Si no, no lo hubiera sido!

Soy una persona a la que le gusta pasar desapercibida y no dar de que hablar. Siempre fui así y me gusta. Ahora os lo he puesto muy fácil, eh, ji, ji. O sea, ¡a lidiar con lo que venga, uff! ¡Os he abierto las ventanas de mi alma de par en par, ji, ji!

También tenemos parones, lo que tardamos en aprender y hasta de darnos cuenta de ¡ello! Pero ahora ya no se puede hacer mal y tu vida no puede trascurrir hasta que enfrentes la situación. ¡Esa es la forma de continuar bien! Por mientras no la enfrentemos. ¡Ahí seguiremos! Y eso es ley de vida (aprendizaje), tanto para el que lo quiera ver como el que no. Es distinto para cada uno, sí, pero no deja de ser una ley de vida. ¡Así podremos coger las riendas de nuestra vida!

Proseguimos. Ya estaba también el COVID y demasiadas cosas, debían ponerse en su sitio. Lo hablé con mi pareja y no le pareció mal la idea de marchar a Andalucía. Él veraneaba muchas veces allí con su familia y su madre estaba enterrada allí. "Siempre quise volver, pero estaba demasiado lejos", dijo. La vida me estaba llevando con mis decisiones, sin quererlo, a donde yo necesitaba estar y, a su vez, quería volver a mi origen.

Yo viví en Córdoba desde los 5 años hasta los 12. Muy bonita mi niñez; guardo recuerdos preciosos. Además, mis padres son cordobeses y tengo muchas vivencias con la familia de mi padre, que ahora serían los más cercanos.

Mis abuelos paternos también eran muy buenas personas. A mi abuelo no lo conocí mucho, era pequeña cuando murió, pero siempre vi el reflejo de él en mi padre. Uff, ¡se parecían tanto! Con mi abuela viví más experiencias. Era muy divertida y le encantaban sus gatitos; hasta dormía con ellos, ji, ji.

Siempre he tenido más cerca la parte de mi madre, pero ahora podría convivir más con la de mi padre; hacía tanto no compartía con ellos... Así me sentiría completa, ji, ji.

Y encima necesitaba un comienzo distinto, aire diferente, colores diferentes, gente diferente... Hacía 6 años lo necesitaba, no era que lo quisiera. Lo necesitaba para estar mejor conmigo misma. Pero esperé; no podía ser, pues antes estaba mi hija.

Parece yo fuera más rápida que las circunstancias que se daban en mi vida. Por eso muchas veces vivía en pausa y eso me causaba mucho, mucho, cansancio y deterioro emocional.

Esperé que las circunstancias se pusieran acorde para marchar y dejar todo bien, o lo mejor posible.

Cuando se lo comuniqué a mi hija no pareció que se lo tomara a mal, o al menos no lo mostró. Y como le dejaba todo lo que tenía, que en realidad nada era mío, pero me había costado tanto llegar hasta ahí, le parecía bien y también se libraba de la pesada de su mamá, como así me llamaba muchas veces, ji, ji.

En fin, cuando tomamos la decisión de que mi pareja fuera él sólo a investigar a uno de los pueblecitos de Córdoba, porque allí estaba su tía y sería más fácil moverse desde allí, aunque estuviera un tiempo, pues no se pudo justo en ese momento. Cerraron fronteras y debimos esperar el momento oportuno.

En un tiempo, vino su tía a arreglar unos papeles importantes y justo abrieron fronteras y marcharon juntos, ji, ji, menos mal. Él se fue a abrir camino y buscar trabajo y casa. Eso fue a finales del mes de mayo y principios de junio del 2020. Llevamos cuatro años y algo de relación.

Bueno, pasaron unos meses y él no encontraba trabajo. Llegaba el verano y, al ser camarero, le sería más fácil encontrar trabajo, pero, claro, el COVID había hecho mella en todo. Íbamos a ver.

Pedí unos días en el trabajo para ir a verlo y juntos abrirnos camino y ayudarle. Me llevé a mi hija y a mi sobrino, así ellos disfrutarían también del viaje. Mi niña se iba con la familia de su padre.

Hasta aquí todo parece bien, ¿verdad? Pues no, no fue así.

Capítulo 29

Contracorriente

Ya cuando quedaba poco para llegar (pero aún faltaban horas), se me rompió el coche. Tuvo que ir mi pareja a buscarnos. Un mecánico arreglaría el desperfecto cuando pudiera, y a ver qué le había pasado y qué costaría, ¡¡jopetas! Se me fue un piquillo.

En fin, llevamos a los niños a Málaga, que era donde se quedarían. Le di mi coche arreglado a mi hija para que ellos cogieran lo que necesitasen. Nosotros teníamos pensamientos de buscar por Málaga, en la playa y los alrededores, trabajo de camarero. Nos daba igual dónde vivir, si había trabajo.

Ya estábamos en Andalucía, ji, ji. Nos habíamos echado la tienda de campaña, para dormir donde pudiéramos, nuestro *camping gas* y todo. No estábamos para comer fuera, ji, ji.

En fin, cuando dejamos a los niños en un pueblecito de Málaga y nos dirigíamos a la ciudad de Málaga, allí por la montaña, el otro coche que llevábamos, el de mi pareja, también se rompió. Nos paramos a desayunar y cuando nos acercamos al coche, uff, toda la gasolina estaba en el suelo. Llamamos a los niños para que vinieran a buscarnos. Dependiendo de lo que el coche tuviera, necesitaríamos el otro coche. ¡Seguro! Dijeron que era un gasto innecesario.

Ya teníamos alguna hora de camino y esperábamos a ver qué le ocurría el coche. Olé, olé. A llamar a la grúa, madre mía. ¿Y ahora qué? Al taller. Ya ahí nos dijeron que la pieza tardaría días y que era cara. ¡Vaya caca! Todo iba en contra. Pareciera que nuestra decisión no fuera oportuna y equívoca; al menos los hechos lo decían.

Yo soy muy cabezona y sigo erre que erre. Hemos de gastar todas las herramientas que tengamos a nuestro alcance para darnos por vencidos, y yo tengo muchas, ji, ji.

Le comentamos al mecánico que si podía hacer un apaño, que no días podíamos quedarnos sin coche ni pagar tal reparación. El chico nos comentó que intentaría sellar un poco, pero eso podía seguir perdiendo.

Estuvimos casi todo el día dando vueltas y comiendo fuera, esperando a ver si podría hacerlo el mecánico para así nosotros seguir con nuestra aventura, ji, ji. Aventura sí que lo era. En verdad, en eso se habían convertido nuestras minis vacaciones y la búsqueda de trabajo.

Al fin, lo pudo reparar. Otro piquillo, y con el miedo de que podía volver la pérdida. Pero debíamos seguir. Confiaríamos en que no ocurriera.

Proseguimos nuestro camino y volvimos hacia la montaña que habíamos dejado para descansar antes de que llegara la noche. Me encanta el aire libre; cuando pueda, viajaré en una autocaravana, ji, ji.

Allí tan solos, qué miedo pasé Si la vida no estuviera tan mal, no tendría miedo, ¿verdad? Aunque también temía a los animales salvajes, cabras montañesas, jabalís, etc. ¡Si era lo que teníamos que hacer, seguro nada pasaría!

Bueno, al otro día ya sí a proseguir nuestro viaje. Anduvimos bastantes kilómetros y vimos bastantes playas y alrededores. Todo estaba muy apagado. No necesitaban camareros. Tampoco sabían cómo iba a ir el verano.

Volvimos un poquito así así, pero sin perder la ilusión de que ya encontraría trabajo. Buscaría por los alrededores de donde estaba con su tía en Córdoba. Algo saldría. Lo que sí teníamos seguro es que para otoño en el campo había trabajo, que fue una de las cosas que tuvimos en cuenta al mudarnos. Ahí hay mucho olivo; trabajan el aceite. Y para eso siempre hay trabajo, según decían. Bueno, los niños y yo nos fuimos a Barcelona y él se quedó ahí.

Habían pasado un par de meses desde que se había marchado y no había encontrado nada. Yo volvería en agosto, si me era posible. La cuestión es que él ya se estaba agobiando y su tía también. Y nada de volver para lo mismo, pues era poco tiempo, pero ya empezaba a haber asperezas entre tía y sobrino; cada uno quería su espacio, ji, ji.

En fin, pensé que, si así no salía la cosa, antes de liarla mejor empezaría a buscar algo de alquiler. Él me dijo: "¿Cómo? ¿Sin trabajo?". Y yo le comenté: "Sí. Ya me encargaré yo como pueda. Además, seguro algo te sale. Y aquí piden poco de alquiler; podremos hacerlo".

Empezó a mirar y salió alguna cosilla, pero, por una cosa u otra, no llegaba a nosotros. Estaban muy económicas. Es un pueblecito y no tiene comparación con la ciudad, es muchísimo más asequible. Y en seguida llegó la nuestra. Olé, guapísimo, grande. A él le encantó. Yo la vi por video y cuando me la enseñó. Lloraba de emoción, pues era todo lo que necesitaba y más: una entrada preciosa y un patio. Era una casa adosada de dos plantas, con cocina enorme y una mesa para comer allí. Tenía un lavabo abajo, comedor cuadrado y chimenea, como siempre quise, ji, ji. El patio tenía unas vistas estupendas de montaña. Arriba había tres dormitorios y un baño, y la habitación de matrimonio era enorme, con un armario abierto. ¡Vamos, enorme! Además, tenía percheros sueltos de pie. Me sobraba sitio, ji, ji.

Supe que era nuestra casa por la impresión que me había dado. Había una persona delante, pero al final fue nuestra.

Él fue el primero en entrar y acomodarse. Estaba todo amueblado, aunque faltaran llenarlos, ji, ji.

Yo fui en agosto y trabajé más para ganar más. Sólo fui unos 15 días, justo para pintar y preparar la casa, y con el coche lleno me vendría pronto. Bueno, cuando él encontrara trabajo y yo cerrara unas cosas allí, antes imposible.

Ya estando yo allí y arreglando la casa, él encontró trabajo. Sólo faltaba eso. Los dos estábamos en nuestra casa nueva, arreglándola con nuestras propias energías. ¡Sucedió, al fin!

Tampoco había pasado tanto tiempo, pero él venía ya de unos cuantos meses parado y estaba ya que se subía por las paredes, ji, ji. ¡Pero yo no lo dejé tirar la toalla!

Capítulo 30

La vuelta

Yo volví a Barcelona. Bueno, concretamente, soy de Sabadell, ya con otro tono, ¡verdad! Ji, ji.

Ahora sí estaba echo. Me iría a vivir a Carcabuey, un pueblecito de Córdoba guapísimo, con castillo y todo, ji, ji. Ya no volvería más hasta que me viniera a vivir. La cosa no estaba para tanto gasto y en casa quedaba faena.

Tenía que dejarle todo pintado y bien a mi hija, tirar esa pared y todo montaríamos para la otra habitación. Mi pareja decía de venir antes de marchar y arreglar, pero ¿cómo se iba a dar esa paliza en un finde? Pues no. Mira que él me lo dijo antes de marchar, pero no, con todo lo que se mueve en una casa se tocarían paredes y todo y no le dejé, ji, ji.

El caso es que a mi nena y yo nos tocaba y pintar. No sé, sólo sé recortar. Mi padre no estaba para ayudarnos, pero una vecina a la que le di mi habitación y alguna cosa más que no necesitaba me ayudó, menos mal. Y mi nena aprendió a pintar, al fin hacía algo.

Ella empezó a hacerse con la casa. "Quiero esto aquí", "Cambio esto", "Compraré esto". Qué graciosa, ji, ji. ¡Al fin tenía aliciente por algo!

Trabajé algunos meses allí y esperé al cumple 20 de mi nena.

Mi nena ya terminó sus estudios. Le pagué algunos cursos de manicura; le gustaba mucho. Le compré sus cosillas necesarias para que pudiera ir haciendo manicura.

Tenemos un perrillo y yo me lo llevé. Ella siempre quería gatos y fuimos a adoptar uno y nos trajimos dos, ji, ji. Eran hermanos y daba penita separarlos.

En fin, la dejé con un camino abierto que le gustaba, ahora ella debía luchar para abrirse paso y, sobre todo, mantener lo que se le había dado (regalado). Yo la mantendría, evidentemente, hasta que ella volara sola.

Yo me fui cobrando algo, al menos para abrirme paso. Mi idea era ponerme a escribir, darme tiempo para mí y proseguir mi camino. Allí podría hacerlo. Si encontraba alguna casa para limpiar, evidentemente, la cogería para echar unas horas. Vamos, ya me iría perfecto.

Capítulo 31
Destino 📍

Llegó el día que llevaba tanto esperando. Madre mía. Uff, cómo me costó. ¡Ahora, escribiendo, vuelvo a revivir ese momento y vuelvo a llorar! ¡Qué triste!

Mi padre aún no estaba trasplantado, pero estaba a punto. Yo ya debía irme y había que en breve volvería para el trasplante.

Empezaba otro ciclo de mi vida y esa fuerza centrífuga que os expliqué me arrastraba hacia donde debía estar. Entraba en otro ciclo de mi vida y era ahora: otoño.

Para que ocurran unas cosas hay que hacer otras, y a veces hay que adelantarse para que se mueva lo de atrás, porque lo de atrás se mueve a través de la decisión delantera. Parece raro, pero a veces es así.

Primero la casa y luego el trabajo. Eso nos hace creer en nosotros y con ello creamos nuestra vida y sus acontecimientos a través de nuestras decisiones.

Días atrás ya me iba despidiendo de mi gente, pero el día antes de marchar me había despedido de mi familia. Qué durísimo fue, pero era algo que debía hacer: marchar. Pero no era alegre. Mi camino era este, pero costaba tanto… ¡Yo no me hubiera ido así como así! Pero me quedaba el trabajo de mi vida (vosotros) y por el que tanto he luchado para mejorar, estar bien conmigo misma y así, hoy por hoy, estar frente a vosotros.

Al día siguiente estaba peor con mi hija, lo más importante de mi vida y aún a medio cocer, por así decirlo. Menos mal que me vino a buscar mi pareja.

Durísimo lo siguiente. Lloré y lloré todo el camino y más. Así me tiré meses, triste, y lloraba cuando estaba sola. La verdad, según dicen, es que es duro que un hijo se vaya de casa, pero irse uno mismo creo que es peor; porque cuando marchan ellos se ven capaces de volar, pero este no era mi caso. Yo no sabía cómo iban a trascurrir los acontecimientos o cómo se le iba a dar a mi hija. Y lo más importante, que ella lo supiera llevar bien. Sé que la he intentado criar fuerte, pero estaba muy debajo de mí; yo le hacía todo. Tocaba esperar que ella entendiera por qué me iba.

Al fin, llegamos a nuestro destino juntos: Andalucía, Córdoba. Empezaba un ciclo nuevo y una nueva estación: otoño. Nos costó un poco, pero lo conseguimos. Para mí, tenía más de lo que necesitaba y pudiera imaginar, al menos en vivienda y lugar.

Entré en más detalles, para que veáis que a veces parece que se nada a contracorriente y las cosas no salen, pero no significa que no vayan a hacerse. El cambio energético es grande y el terreno se ha de adaptar, y a veces es cuestionable cómo hacemos las cosas, qué viene primero y qué después, etc. ¡Eso lo debemos ir averiguando!, ¡sólo debemos ir moviendo fichas hasta que encajen y lo demás se mueve solo ¡Pero, por favor, no tiréis la toalla! ¡Romped las limitaciones de los cambios!

Capítulo 32

Nueva vida

Una pasada de casa, de lugar, y la gente era muy amena. Ya ven que yo pasé de 35m² a 120m². Me perdía por la casa, ji, ji, y pagaba sólo 280 euros. Una maravilla.

Era un pueblecito pequeño, pero tenía de todo: tiendas, médicos, pabellón deportivo, piscina, etc. Hasta un castillo precioso (Carcabuey); ya ven que yo venía de una ciudad grande: Sabadell (Barcelona).

Al poco tiempo, mi padre tuvo su trasplante. Ya empezaba a tener una vida más normal, con todas sus revisiones. Su recuperación fue fabulosa, rápida y sin complicaciones.

Al principio, se me hizo muy duro. Estaba muy triste y nunca me había separado de mi hija. No sabía cuándo entraba, cuándo salía, qué comía, si comía, si le pasaba algo, en fin, cosas que ves diariamente estando juntas, y no era el caso. Por más que yo le preguntara, me decía lo que quisiera para no preocuparme.

Para mí fue horrible esta situación y me encerré más en mí misma. Debía acostumbrarme. Salía poco y me torturaba mucho la lejanía. Hoy por hoy, lo escribo y vuelvo a entristecerme. Que lo lleve mejor no significa me guste.

Fue pasando el tiempo y todo lo que tenía no lo disfrutaba como debía, algo sí. Me tomé un tiempo para mí, para seguir escribiendo y conocer y disfrutar mi alrededor. Pero no lo aproveché, pues la tristeza se llevaba muchísimo de mí.

También estaban mis padres, que necesitaban de mí y yo no estaba. Uff, eso entristece, y mucho. Tengo hermanas y familia, así que solos no están, pero mi parte la he de dar yo, no nadie. Supongo que me entendéis. Yo estaba mucho en casa de mis padres y les ayudaba en lo que podía.

Mi relación con mi hija, en vez de mejorar, empeoraba. Ya cogió la parte que le quedaba de libertad y menos caso me hacía. Ya no le podía preguntar casi nada ni llamarla cada día. Uff, ¡qué pesada! En verdad, ella no me ayudó a hacerme la distancia más fácil. ¡Madre mía! La única comunicación que podíamos tener era por teléfono.

Los primeros tres meses, para mí, fueron muy duros (otoño). Mi hija no me dejaba ser madre. Estábamos super lejos. Yo intentaba bajar cada dos meses, pues tenía que darle una vuelta; es muy joven. Esa condición me puse a mí misma para poder venirme, que bajaría muchísimo, pero no siempre es posible. Ella estaba en su salsa, ya tenía toda su libertad y, claro, me ponía límites, y yo debía aceptarlos.

¿Cómo no le iba a preguntar por esas cosas tan cotidianas si no estaba y a través de ellas vería si se cuidaba y si llevaba un orden con comidas y en general? Contando con su edad, a mí me preocupaba mucho que ella se pudiera venir abajo. Ahora tenía que cuidarse sola y hacerlo todo ella, cuando nunca lo había hecho.

Ella pasó algunos días con mi hermana, pues necesitaba ayuda y ambas se ayudaron. Luego volvió a su realidad. Vivía sola, con sus gatitos. Se apañó muy bien. Me sorprendió. Sus comidas, limpieza en el hogar, todo lo que no hacía conmigo, tuvo que hacerlo para ella; no le quedaba otra.

Tuve que cambiar mi forma de hacer las cosas con ella porque ese camino no me traía nada bueno, sólo cierre de puertas, dolor y tristeza.

Me enfadé y dejé de hablarle por un tiempo corto, pero suficiente para darme cuenta de que ella no iba a torcer el brazo y cambiar. Así sólo conseguiría alejarme más de ella. ¡Debía cambiar! No aguantaba la situación, me iba a enfermar. Mi pareja no sabía cómo sacarme una sonrisa.

No era igual vernos a no vernos. Sólo con verla sentía su calor y eso no podía ser. Ahora necesitaba calor en sus palabras y eso no me lo daba. Ella era así.

No tenía muchas más opciones; tenía que cambiar y debía hacerlo yo. No aguantaba la situación, me iba a enfermar. Al menos así lo veo.

Capítulo 33

Soltar amarras

Hice como un borrón y cuenta nueva; era como si, en vez de llevar una carga y arrastrar la situación, fuera de frente hacia ella y ya no sentía ese dolor. Quizás era así como debía hacerse, aunque no me guste. Pero esa es la forma de llevar las situaciones que pueden destrozarte. ¡Nuestro crecimiento interior es enriquecedor! Nos quita dolor y nos ayuda avanzar.

Y empezó a cambiar la relación un poco. Ella me llamaba cuando ella veía, pareciera que se abría conmigo para contarme más cosas, antes lo hacía, pero en lo que quería, claro, ji, ji. Me preguntaba cuándo bajaría. Bueno, ya era un comienzo.

Ya tuve fuerzas para seguir escribiendo y empecé a darme un poquito de vida nueva, que me estaba esperando, y me sentí más libre. Se ve que las dos habíamos aceptado lo que estábamos viviendo. Seguramente, era yo la que faltaba.

Y así me la pasé mi primer trimestre (otoño). Eso fue lo que fui trabajando en mí: estirar más mi cordón umbilical de madre y romper "corazas hija" en mí.

Y ahora a empezar el segundo trimestre: invierno. Ya me sentía mejor y la distancia no era tanto. Al llevar mejor lo de mi hija empecé a sentir a los míos súper cerca de mí, ¡en mí! Guay. ¡Fijaros lo que tapáis cuando uno no se siente bien!

Como os iba contando, empezaba a disfrutar de mi alrededor y a conocer gente, poca, pero suficiente, ji, ji. Yo era de estar con gente. Mi familia es muy grande. También soy una persona que le gusta estar en casa y en lo suyo. Soy bastante independiente... Y me quejo de mi hija, ji, ji.

Capítulo 34

Renacer

Empecé a disfrutar de mis logros. Mis regalos me había ganado, me encantaba el lugar y los colores de las cosas, uff, tenían una vida espectacular. Al fin veía la vida reflejada en las cosas y eso me motivaba a querer moverme. ¡Lo conseguí! Era mi vida personal y tenía que empezar a vivirla.

El color gris que traía de Barcelona marchó. ¡El arco iris despertó cuando llegué aquí a Andalucía! ¡Era aquí donde debía estar y la suma de todo se configuró! Así mismo, renací. Era cuerpo físico más cuerpo energético, 100%. ¡Integrado (fusionado) el uno con el otro! Imaginaros los años que llevaba esperando, desde que me separé y me cambió la vida, unos 7 años necesitándolo y sintiéndome a mí misma de vez en cuando.

A pesar de saber que era mi camino, no lo palpaba en mí. Aprendí a equilibrar mis emociones para que no se desbordaran ni me causaran dolor por dentro y así poder cuidar de mi cuerpo.

Recordad que, cuando empecé mi travesía espiritual, me rompí. Antes yo podía llevar las cosas y todo me seguía pareciendo bonito (alrededor). También era la forma de no avanzar. De esta manera, no te rompes para volver a pegar los trocitos de ti que sirven, no los que no, y así crecer en lo sucesivo, mejorar y enraizarte bien en ti desde unas buenas y sólidas bases. Porque, si no fuera así, nunca lo haríamos (cambiar lo necesario y preciso). Pero no sentirte, enfermarte, la incapacidad de ser como tú eras y no ver la vida como la veías es muy triste. Yo no era así, ¡pero eso me dio la fuerza y me llevó a la lucha para volver a reencontrarme y más! Quería ser cómo antes y me iba a costar, además, ¡no sabía si lo iba a conseguir! Lo intentaría y esto me llevó a seguir y a seguir, hasta ubicarme en la vida en donde debo estar y me corresponde (mi propia felicidad) para conocer todo un mundo que no se ve, pero existe.

Yo ya lo vivía así (bonito) a través de mis ojos, en físico, pero luego conocí la explicación de todo y el porqué, además de verlo energéticamente.

Debía seguir un orden de las cosas, ver y saber; no podía coger ningún otro camino que no fuera el de la enseñanza de las cosas energéticamente. Debía pasar por ahí, sí o sí, para así poder explicarlo.

Recordad que siempre fui muy física, hasta que me rompí y conocí el otro lado, ji, ji. Lo he pasado mal, eh, pero hoy en día me alegro y todo ya está hecho y superado, y si encima es de ayuda a otros, bienvenido sea, ¿no creéis? Ji, ji. Ahora a disfrutar de mi trabajo, ya toca, ji, ji.

Seguimos con mi historia. Cuando llegué a Carcabuey era otoño y empezaba un ciclo nuevo para mí. Recordad que os dije que una fuerza centrífuga me arrastraba hacia donde debía estar. ¿Recordad que os dije que nos vamos conectando con todo? Es así y luego son ciclos; cada año un ciclo.

Un ciclo consta de sus cuatro estaciones y cada una nos ayuda a hacer un trabajo nuestro. Así, cuando termina el año, hemos terminado con ese ciclo y esa cuestión, o varias cuestiones que estemos trabajando.

Al conectar (fusionarnos) con la tierra hacemos esos ciclos; vamos a la vez, ciclo por ciclo. Por eso las estaciones son importantísimas en nosotros. Cada día cuenta, cada estación cuenta; hacen un gran trabajo.

Siempre estamos en puro movimiento y eso nos ayuda a arreglar el pasado y ponernos en el presente más rápidamente. Recordad lo de la fuerza centrífuga, menos tiempo de sufrimiento. ¡Guay! Y más evolucionados estaremos para afrontar nuevos retos y vivencias. Genial (el avance siempre es bueno).

Es una gran ayuda, como os dije, ya que contamos con toda la ayuda de nuestro alrededor, que marcará el tiempo.

Ya sabéis que el tiempo humano no es igual al energético, y eso nos hace avanzar muchísimo en todo lo que hagamos. Y a la larga no se ha perdido tiempo, sino ganado, y muchísimo. ¡Guay!

No os mareo más, seguimos. Estaba dentro de un ciclo nuevo, vida nueva. Fue cuando se produjo el cambio. Antes no se pudo hacer, no era el momento. A esto quiero llegar, pues también las cosas trascurrieron en ese momento porque era cuando debían de hacerlo.

El invierno fue muy frío. El cambio de frío era muy distinto, más seco, pero yo tenía más frío. Al fin, se encendió la chimenea. ¡Qué guay! Bueno, hubo cambio de estación y otra cosa saltó: problemas.

Capítulo 35

¿Todo… vale?

En el bloque de mi hija cortaron la luz, pero ya para siempre. Antes se volvía a poner otro cable y, aunque tardara, la teníamos, pero esta vez no era así; la habían quitado bien para no volvernos a enganchar más.

Como veía que no se solucionaba, bajé a ver qué se podía hacer y para estar con mi hija. En un principio nos quedemos allí sin luz. Ya nos averiguamos, como todos.

Podía irme con mis padres, sí, pero debíamos estar ahí, pues siempre nos enteraríamos de todo mejor y así nos apoyaríamos más. Eso sí, íbamos y veníamos.

Pasaron los días y la cosa pintaba mal. No se podía arreglar. Los nervios estaban a flor de piel y había gente enferma, en pleno invierno, que necesitaba la luz. Se empezó a hablar con el ayuntamiento, con servicios sociales, para que nos ayudaran con la compañía y lo solucionáramos de alguna forma. Alguna vez la vecindad intentó arreglar el tema de la luz con papeles, pero nunca se consiguió.

Como ya sabéis, ese bloque tenía muchos problemas por no estar las cosas como debían y, además, había unas personas que alquilaban los pisos y ellos tenían esto controlado así y ni ellos podían hacer nada.

Yo dejé mi fogón de *camping* porque había niños pequeños y comía con mis padres, o guarrerías a veces, eso sí, nos compramos una estufa de bombona. Nosotras vivíamos en un piso bajo y había mucha humedad.

Cada dos por tres reuniones, lo estaban pasando mal, y yo mira que tenía la suerte de poder moverme con los míos, pero algunos no la tenían. Eso sí, yo cada noche en casa lo que hacía falta, que vieran oportunidad de meterse en mi casa.

Bueno, pues un día se les ocurrió la brillante idea a los que alquilaban los pisos de meter un generador a motor, de esos de la feria, grandote, que lleva gasoil o gasolina, abajo al parquin, ya que pasaban los días y no se arreglaba nada. Claro, ellos querían cobrar su alquiler igual bajo estas circunstancias y, claro, la gente se reveló. ¿Cómo? Tenían que gastar más de la cuenta, como hielos para refrescar algo cada día, y que no sobrara, porque, si no, era para tirar. Había gente que se había metido hasta una burra pequeña (aparato a motor), necesitaban gasoil o comer fuera, gastos también que no tendrían si no hubiera ocurrido esto. ¿Pues para qué? ¡La liaron parda!

Justo llegábamos mi niña y yo y estaban ya abajo colocando el aparato, una peste. Salimos del coche, nos encontramos con uno de ellos y nos comentó que nos pusiéramos de acuerdo con los vecinos para pagar esto. Yo le comenté que, si esto lo dejara así, que sería peste mala, que no era bueno tragar esto. Y él comentó que no pasaba nada, que por la puerta del parquin saldría todo. ¡No me convenció mucho y a mi niña tampoco!

Cuando subí, uff, seguía oliendo. Esperé fuera y cada vez más. Comenté a los vecinos que había fuera esperando, que eso era peligroso y venenoso, ¡o es que no veían y olían! Con eso de que estaban tan desesperados y ya tenían luz, les daba igual. Yo llamé a algunos vecinos y a mis tíos, ya sabéis que tenía familia en el bloque, que, si se percataban de lo que estaba sucediendo y ellos desde arriba no olían.

Pensé que esto igual no duraría mucho, que seguramente algún vecino del exterior pensaría como nosotras. No perdí más tiempo. Mi niña y yo nos fuimos a casa. Bueno, cuando entramos peor olía por nuestro rellano. Decidimos irnos a casa de mi madre. ¡No íbamos a correr peligro por la ineficacia de otros!

Mi niña empezó a recoger, yo también, ropas y lo que necesitáramos. Ella salió a tirar la basura un momento y empecé a oler mucho, más corría unos nervios. Mira que, si no nos da tiempo de salir y nos quedamos aquí, cómo pajarillos, y la gente, a su rollo…

En ese instante, mi niña me llamó: "Mamá, sal". Los bomberos llorando y yo empecé a escucharlos. ¡Venían los bomberos! ¡Se habría producido también fuego! ¡Y yo en un piso bajo y con rejas! Qué miedo pasé. Dejé lo que estaba haciendo, cogí bolso, llaves y mis gatos y salí pitando. Cuando salí al pasillo, la gente empezó a salir. "¿Cómo? ¿Qué ocurre? ¿Bomberos?". Yo alucinaba, pero estos aquí tan tranquilos, ¡y yo llevaba rato que me iba a dar algo!

Ambulancias. Todos a la calle. Apagaron el aparato y lo cerraron todo para no volverlo a encender. Cuando salí, peor era la peste y unos humos que para qué, ji, ji.

Madre mía, lo que podía haber ocurrido. No sabemos quién llamó, pero fue efectivo porque hubiera pasado algo en la noche. Sabía que algún vecino lo haría al ver esto, no era normal; ellos no veían el peligro. ¡Y no iban a jugar con la vida de mi hija ni la mía! ¡Creen las personas que todo vale y que se puede jugar con la vida de los demás con tal de salirse con la suya! Es alucinante.

Hubo vecinos que ayudaron a colocar el aparato y tuvieron que mirarlos porque se ahogaban… y con una bebita y todo. Hasta yo, que tragué y me puse muy nerviosa, por precaución. Ellos lo vieron así. Mi cuerpo notaba que eso era malo; se me cerró la garganta (intoxicación); vamos, me dolía, pero nada fuera de lo normal, ji, ji.

Estuvimos mucho rato fuera, hasta que policías y bomberos nos dieron la orden de que ya podíamos entrar en nuestros domicilios. El aparato no se iba a encender más. Mientras ocurría todo eso, lo tuve claro: me cogería las cosas de mi niña y mías y nos íbamos, porque yo no me quedaba ni un día más ahí. Y no, pues fui para casa de mi madre unos días.

Nos íbamos Andalucía (Córdoba). Yo tenía mi casa y mi pareja me estaba esperando. Esto no lo podía solucionar en pocos días y no me volvería a meter en esas circunstancias, o en otras parecidas. ¡Estamos locos! ¡Vete tú a saber qué se les ocurriría la próxima vez!, ¡o quizá les daría por volver a encender eso! Uff. ¡Qué pesadilla!

Es que anteriormente ya se probaron otras cosas y no funcionaron. Los vecinos cogieron la batuta y llamaron a un electricista, y cuando subió a arreglar lo de la luz, les dio unas descargas; si no es por un vecino, se queda ahí pegao el electricista, y eso que entendía. Nos quemó fases y encima nos timó, pero no se fue de rositas, pues cogió una indigestión de gambas el joiooo. ¡Puede creerse esto uno! Con nuestro dinero (timado)... ¡Alucinante!

Tenía que pensar que sí teníamos un grave problema en el bloque y las circunstancias eran atropelladoras. Pero todo esto nos llevó a la alcaldesa, a las redes sociales y a la radio; se movió todo muchísimo. Claro, después de todo esto, ¡normal!

Cuando ya pudimos entrar, con mascarillas, aún olía. Nos pusimos a hacer maletas y dejar todo zanjado. Pasamos la noche en casa de mi tía y de madrugada nos fuimos para Córdoba. Uff, qué tranquilidad.

Por eso llevaba tiempo intentando salir de ese bloque y buscarme la vida por otro lado, porque no estaba cómoda y tarde o temprano "reventaría". Yo soy de las personas que prefieren salir antes que el reventón, ¿porque luego qué haces? Una mano delante y otra detrás. No me gusta aprovecharme de las situaciones, ¡aunque sean favorables a mí!

Yo había luchado mucho por ese piso y estar ahí, porque ya veis los desastres, y seguiría luchando desde allí. Pero, si perdía el piso porque alguien se metiera o deseaban que me fuera para alquilarlo, me daba igual. ¡No iba a pasarnos algo por ello!

A veces en la vida hay que saber cómo perder y cuándo. Ahora todo reventó; ¡sería por algo! Podría ser bueno y no malo. Malo por el proceso de las cosas, bueno por la dirección hacia donde debían llegar. Iríamos viendo. Y aguantó hasta que marché, ji, ji.

Agradezco por el lugar donde estuve porque pude darle a mi hija un techo, y agradezco a mi familia, pues me lo ofrecieron. Pero nunca quise estar allí por cómo se movía la situación y cómo se quedó el edificio. También pude tener la opción de ofrecérselo a mi hija, mientras que ella empezaba a volar y pudiera ofrecerse un mejor futuro.

Daros cuenta de dónde estamos y que no hay que aprovecharse de las situaciones, que no todo vale y que no hay que dejar decisiones importantes sobre nosotros a otros. Al menos, yo lo veo así. Por eso hay que salir antes que el desglose de las situaciones nos lleve a lo peor. ¡Salid antes!

Tuve a mi hija conmigo todo el invierno y hasta le ofrecí que, si se quedaba conmigo, le daría la mejor habitación, que era la mía, ji, ji. Y nada. Ella quería volver. Le gusta más aquello. Pues ya veríamos cómo irían las cosas. Ahora era su casa. Yo seguiría luchando para mantenérsela hasta que ella volara sola, económicamente.

Capítulo 36

Empezando a sumar

¡Y pasamos mi cumpleaños juntas! Ese fue muy especial, pues, para mí, renací. Era la parte energética la que empezaba a vivir. Empecé desde el principio a apagar velas, o sea, este primer cumpleaños sería 0. Comienzo de 0; olé. ¡Y así lo haría sucesivamente, ji, ji! Y ahora a crecer.

Debemos ser cómo un filtro (colador), que, a través de nuestro cuerpo, atraviese nuestra energía para así irradiar fuera de nosotros para enlazar con la energía exterior (con todo). ¡Y así, poco a poco, iremos creando nuestro propio "mundo"!

Durante ese tiempo, hubo muchos problemas desde poner la luz hasta, como siempre, mucho papeleo, papeles que no se tenían y había que hacer nuevos. A pesar de que desde el ayuntamiento querían ayudar y dijeron que darían cobijo a la gente por no tener luz, pues, ya os digo, no había manera. Ni el ayuntamiento podía facilitar los trámites, por mal que lo estuvieran pasando los vecinos viviendo así.

Se llevaron a un par de vecinos. Estaban mal de salud. Pero a los demás nada de nada. Como siempre, ¿verdad? ¡Los que pueden no lo hacen! Qué barbaridad. Son seres humanos. Había gente pasándolo muy mal y con depresión, gente mayor que no quería irse de sus casas. Claro, así es como derivan (desglose) las cosas cuando no se hacen bien, pero a veces pagan justos por pecadores.

Yo creo que, por primera vez, no me pilló de lleno, porque con mis decisiones creé un futuro mejor. Y no me comí todo lo que los demás se comieron. Pobretes, lo pasaron muy, muy, mal.

Meses así. Al final se consiguieron los papeles necesarios y se haría todo de nuevo para que pudiera servir, como hacerle cometida y todo de la luz. Todo lo necesario como ellos pidieron para poder hacerse.

Mucho dinero todo esto. Y ahora a buscarlo y el que no tuviera, a pedirlo. Se tenía que hacer sí o sí. Una de dos. ¡Hay que llevar a la gente al límite para que respondan! ¡Dada la situación, al final, se encuentra la solución!

Era el momento de solucionarlo y que el bloque mejorara. Las circunstancias han de ocurrir para esa finalidad. Era todo un bloque; muchas personas, entonces, se hubieran quedado sin hogar.

Capítulo 37

De vuelta, hija

Y mi hija debía volver a su casa y vivir sus propias experiencias para yo seguir plenamente en lo mío Estaba construyendo una vida mejor. ¡No iría a peor! ¡Si aún no había despegado, ji, ji!

Y llegó la hora. Tanto esfuerzo, vueltas, arreglos… Les costó muchísimo poder hacerlo, pero se consiguió. ¡Olé! ¡Ya teníamos luz y todo hecho bien! Antes de que comenzara la primavera se dejó solucionado. Al fin se podía volver, ji, ji.

Llevé a mi hija a Barcelona de vuelta a su casa y también todo lo que nos trajimos de ella, ji, ji. Estuvo todo un trimestre (invierno).

Ya pareciera que todo estaba en orden; ya podía marchar más tranquila con mi niña en su casa y mi padre se encontraba cada día mejor. Olé.

Es un campeón; se recuperó muy rápido, y eso que le daban miedo hasta las agujas, ji, ji. Él cogía su bici y siempre estaba en constante revisiones. Ni las vacunas del COVID le sentaron mal, ji, ji. A veces tiene subidas de hierro, ¡pero ahora lo arreglan y ya!

Está peor mi madre con su rodilla. Le pusieron una prótesis y la fastidiaron; le dio alergia, aun habiendo avisado de sus alergias. Ella se quejaba y quejaba y no la miraban bien. Cuando decidieron operarla, tres años tardaron. La infección se había comido el hueso, y bastante. 10 años lleva sufriendo así, de operación en operación, y está peor, con un dolor constante. A veces no sé cómo se levanta de esa cama cada día. ¡Hay que tener valor! Pobrecita mía.

Es una campeona, una mujer muy fuerte, dura, atrevida; te saca las castañas del fuego, aunque sea con los dientes, es un decir, ji, ji. Y es muy valiente, no se achica ante nada, aunque esté por dentro un poco asustada. Es más temerosa por nosotros; es una gran madre. Así tal cual estaba. Ella ha acompañado a mi padre con toda la enfermedad, dándole fuerzas cuando ella casi ni tenía, y no sólo emocionalmente, sino también con esfuerzo, sin tenerlo. Su piernecita no le permite llevar una vida normal y trotar cómo ella quisiese. Eso ha acarreado fatiga en su corazón y necesita un tratamiento.

Ella se pasaba el día en el hospital y llegaba en la noche. Casa, comprar, hacerle la comida a mi padre…, porque comía mejor. Claro, ella lo mimaba todo lo que podía, ji, ji. Dormía poco y su pierna necesitaba ratos de descanso, pues menudo meneo le pegaba y, aunque tuviera ayuda de nosotros, no podíamos estar en todo con ella; teníamos trabajo.

Pero ella consiguió pasar todo esto tan malote, junto a mi padre, y le dio fuerzas suficientes para que él luchara. A toda mi familia agradezco que estuvieran ahí para él. Y con lo grande que es, ¡ya ves! Fue muy mimado y querido en su enfermedad, ji, ji. Se volvió un mimoso y su enfermedad le ayudó a mejorar su carácter, ji, ji. La vida le estaba dando otra oportunidad, y hay que aprovecharla; ¡olé!

Después de lo vivido con él, me preocupaba más mi madre, con tanta carga y tanto sufrimiento que llevaba encima, pobreta.

Los dos son unos campeones y fuertes para el sufrimiento. Yo fui así, pues aprendí de ellos ser fuerte para el sufrimiento. Pero es que así no se ha de vivir. No podemos vivir para el sufrimiento. Por eso decidí cambiar tantas cosas; en eso no me quería parecer, en otras cosas sí, ji, ji.

Las enfermedades tienen un nombre y se han ido creando. Yo sé cómo se van creando; lo he ido viviendo con ellos. ¡Y el cómo se crea es lo que debemos cambiar! Para no formar la enfermedad. Hay casos que dependen cómo sean. ¡Luego no tienen remedio!

¡Por favor!, escuchen a vuestro cuerpo, que, por consiguiente, es escucharos a vosotros mismos. ¡No le deis bofetadas a vuestra conciencia cuando os habla, si es que os escucháis! ¡Si no, hay que hacer algo para ello, como quitaros carcasas! Buscad en vuestro interior y allí os hallaréis, ji, ji.

Esa parte de mi hija, su bienestar (asentar su casa), fue lo que trabajé en invierno.

Capítulo 38
¡Cómo llegar más allá!

Llegó la primavera, al fin. ¡Guay! Tercer trimestre. ¡Todo empezaba a florecer!

Ya estaba en Córdoba, en casa, y me metí de lleno en lo mío. ¡Estaba más tranquila con mi alrededor! ¡Ya podía hacerlo! Empecé a abrirme como las flores, por así decirlo; me movía más por mi alrededor, conociendo y ya pudiendo disfrutar de ello. Había mejor clima. Todo era muy bonito, espectacular y sentía una libertad, ya ves, rodeada de campo y montaña, ji, ji. Justo lo que quería y necesitaba.

Pensé en hacerme tarjetas para así repartir y poder dedicarme más a lo mío. Ya conocía a gente y ayudaba sanando en casa. Al fin tenía un lugar para mí, una habitación, ji, ji. Estaba muy contenta por tener mi propio espacio.

Yo ya no estaba triste; había superado la lejanía. Los sentía conmigo y la distancia desapareció. Además, estaba allí cada dos por tres. Claro que les echaba de menos, normal, pero lo llevaba mejor. Eso sí, más de tres meses no pasaban para que bajara, si no, mi cuerpo ya empezaba a notarlo, ji, ji.

Decidí preparar unos cursos (escritos) porque pensé que así podría indicaros mejor el camino, y quizás unas meditaciones para llegar mejor a vosotros. Cogí a mi gente y les pregunté si querían sanar en grupo a través de la música, bailando, divirtiéndonos y me dijeron: "¡Claro que sí!". Y lo hicimos.

Lo probé otra vez. Aquello que no pude hacer anteriormente en Sabadell, aquí pude hacerlo. Era el momento y el lugar. Guay.

Nos fuimos al campo. Íbamos una vez por semana. Nos divertíamos y curábamos bailando y con meditación. En las meditaciones me fueron muy bien para "despertar" su "reloj biológico" (empieza a contar) y así, a su vez, que se acoplaran energéticamente con la Tierra, para así, sucesivamente, trabajar con las estaciones y (recíproco) las estaciones con ellos. ¡Estaban muy contentos! Y yo más.

Perfecto, al fin llegué a ellos en grupo. Intentaría llevarlo todo a la vez; a ver si podía, ji, ji.

En el tercer trimestre, primavera, lo que trabajé fue el empezar mi trabajo en serio y correlativo, y llegar con ellos a lo máximo que se puede alcanzar energéticamente, a todo. Yo, al menos, lo veo así, y pruebas de ello tengo.

Lo digo humildemente: ¡al fin algo que funciona! ¡100%! Eso sí, depende de cada uno hasta dónde quiere llegar y esforzarse, ji, ji.

Capítulo 39

Independiente

Empezó el verano. Cuarto trimestre. Mi hija se puso a trabajar; era lo que le quedaba para ser más independiente. Y, olé, qué trabajadora me salió. Ya era más independiente y podía valerse por ella misma un poco más. Estaba, y estoy, súper contenta.

Aunque mi hija no me haya dado otras cosas que yo necesitara, no importa. La cuestión es que, poco a poco, se va haciendo una persona de bien y más independiente. ¡Y eso sí es bueno para ella!, que es lo que me importa, que poco a poco sepa enfrentar la vida y nadar en ella, ji, ji. Ahora empieza a nadar por la vida adulta y poco a poco irá cogiendo más responsabilidades.

Para eso he luchado tanto por ella. Y nosotras a disfrutar lo que buenamente nos podamos dar y ya.

Tengo que respetar su libertad. Es mi hija, sí, ¡pero no mi propiedad! Aunque ya me gustaría que me viera con otros ojos y me tratara de otra forma. Y aunque no me gusten ciertas cosas, o vea peligros donde ellos (jóvenes) no lo vean, no puedo hacer nada más que avisarla.

Ella debe ver sus errores y aprended de ellos, no queda de otra. ¡Queridos padres, qué joioo! Ji, ji. De igual forma, nosotros debemos ver los nuestros, ji, ji.

Recordad que el avance no es como nosotros pensemos. ¡Se han de hacer las cosas! Si no, hay que acoplarnos (adaptarnos) a la situación y a los demás.

¿Aquello que no puedes cambiar? No sigas por el mismo camino dándote "cabezazos". Si ya desde el principio nos equivocamos, la situación crece. Si no se puede variar, ¡sólo queda amoldarnos!

Tranquilos, la vida pone todo en su sitio y a cada uno. Yo creo, ahora, estar en el mío, ji, ji. ¡Lo más importante es que en este momento la vida me está dando justo lo que yo ahora necesito tanto! Mi libertad. ¡Eso ya es un gran logro! Gracias, hija.

Todo depende del prisma (ángulo) con el que vean las cosas y cómo las valoren. Yo me siento muy orgullosa de mi hija. Tiene muchísimas cosas buenas; siempre lo valoré, aunque siempre les manifestamos más lo que hacen mal (error). ¡Ellos sólo se quedan con eso!, lo que no terminan de hacer bien. Estos son aprendizajes que se pueden hacer también desde el cariño (respeto) y con mucha paciencia e incentivándolos. ¡Igual e iría mejor!

Y este sentimiento (orgullo) no lo pude sentir hasta que no rompí con el dolor que ella me había causado (otoño). Todos mis sentimientos por ella no he podido expresarlos como a mí me hubiera gustado o ella hubiera necesitado, y eso es muy triste. No os pongáis carcasas ante el dolor, ¡eso es alejarse! Y a lo mejor nunca encontraréis el camino de vuelta o la persona ya no está. ¡También ella se lo perdía de mí! Por eso es tan importante encontrarnos bien con nosotros mismos, porque una, o unas, personita pequeña depende de nosotros. Es nuestra responsabilidad hacia ellos. ¡Estad bien!, o lo más centrados posible en nuestras vidas.

De todas formas, espero que cuando ella sea madre vea y se dé cuenta de lo que somos y lo que llegamos a hacer poros hijos, ji, ji. Cada uno a su manera o como buenamente pudo. Por eso, padres futuros, o padres con niños pequeños, "el árbol desde chiquitito hay que irlo enderezando". ¡Eso siempre me decía y me sigue diciendo mi padre! Buscad la mejor forma para ambos. ¡Yo no la encontré, o me dispersé mucho en el camino!

Eso es lo único en la vida donde no me siento realizada ni satisfecha conmigo misma. Ser madre, en algunos aspectos, sí (pocos). ¡Me conformo con poco! Pero soy exigente conmigo misma; ¡me gusta hacer las cosas lo mejor posible!

¡Yo me quité mis carcasas de ella! Pero ella aún no se quitó las suyas de ¡mí! Es cosa de dos. Espero que algún día lo consiga, y eso dependerá mucho de mi hija.

Me acostumbré a llevarlo así. No sufro, sólo me entristece un poco a veces, según la situación. ¡No es un paro (obstáculo) en mi vida! ¡Hay que amoldarse, pues la vida continúa!

¡Y sé que tenemos muchas cosas que darnos y disfrutar de tantas cosas que no pudimos! Solas, por supuesto, ji, ji.

¡En futuro y en ello estoy (construyéndolo)!

Capítulo 40

Ser una luciérnaga en vuestro camino

Yo continuaba con mi trabajo, que se me amplió muchísimo: cursos, curar dentro de casa y fuera, este libro.

Empecé a abrir mis redes sociales, ya que a mí no me habían llamado la atención nunca y ahora, por trabajo, debía hacerlo (redes sociales). Escribía reflexiones para que así también pudieran irme conociendo y les daba en que pensar.

Continuaba con los cursos escritos, y mira que tampoco sabía que podría hacer meditaciones y llegar totalmente a vosotros. Olé. ¡Qué bonita sorpresa tuve! Y, a su vez, vosotros con el planeta, genial. Un *pack* completo, ji, ji.

A mi gente les funcionaba y, claro, también estoy con ellos. ¿Lograría llegar a vosotros? ¡Se podría hacer bien! ¡Había que intentarlo!

Es muy importante llegar a conectar con el planeta. Esa parte de nosotros, la energética, es la que tenemos que hacer que funcione bien. Así, a su vez, cuidará de nuestro organismo y de nuestras vidas, algo importantísimo.

Capítulo 41

Saber cómo coger la dirección correcta

Sigo con los cursos, pero me urge más el libro. ¡Debo acabarlo pronto! La editorial me está esperando, ji, ji. ¡Después seguiré con los cursos! Ji, ji.

Disfrutaba tanto de lo que estaba haciendo que me sentía muy feliz. Me gustaba ayudar a los de mi alrededor, pero quería, debía, llegar a vosotros y empequeñecí esta puerta. O sea, no tenía tiempo para escribir. Todo lo demás me embarcaba mucho tiempo.

Anteriormente, me había hecho tarjetas para repartir y pensé que con un poquito de trabajo de limpieza como antes, en casas, escaleras, edificios, etc., y a la vez todo esto (sanar), podría salir adelante y poco a poco podría costearme el libro. ¡Pero no fue así! Yo ayudaba casi sin beneficio, siempre lo hice así, y ahora lo veía como un trabajo. Algunos me daban algo, claro, si podían. ¿Cómo voy a cobrar a quien no tiene? Muchos encontraban hasta trabajo, en verdad; cambiaba sus vidas para bien, y no porque lo diga yo, lo dicen ellos mismos. Con eso me quedo, con la satisfacción de verlos mejor y que prosperen, ji, ji.

Las meditaciones les gustaban mucho y el baile también. Ellos mismos se sentían cada día con mayor fluidez de movimiento. La energía riega mejor y no se obstruye tanto y da mucha elasticidad. ¡Nos sentimos mejor! ¡Uff, y qué decir de nuestro aspecto, nuestra piel! Así pasamos el verano, disfrutando.

Mi pareja trabajaba muchas horas, 6 días a la semana, y ni le veía. Siempre estaba sola o muy ocupada con lo mío; en eso me fue bien por tener tantas horas.

Trabajo sólo encontré con una señora. Iba dos veces por semana muy poco, dos horas nomás. Y aquí la hora estaba muy barata y era lo que la señora me podía dar. Acepté. Conocí a su hijo cuando buscaba trabajo y él, con el tiempo, me propuso ir a casa de su madre. Él, aunque quisiera, no podía darme trabajo. Él es constructor. ¡Madre e hijo son muy buenas personas!

Un día, me llamó para ir a limpiar. ¡Madre mía! ¡Dónde me metió! Uff. Era una señora que había fallecido y tenía el síndrome de Diógenes (acumulación de basura). Nunca pensé que mi estómago pudiera aguantar lo que aquel día viví. Me armé de valor y a lo echo, pecho. Cerré mi estómago; no se ni cómo pude. El caso es que lo hicimos.

Eso sí, luego tuve, por días, escalofríos y casi no quería ni comer..., pero lo hice, ji, ji.

¿Veis? No sabemos de lo que somos capaces hasta que nos pilla "ahí". Al estar más llenos de nosotros (engrandecidos) tenemos más fortaleza y afrontamos mejor las situaciones.

En casa no íbamos muy boyantes. Yo seguía manteniendo a mi hija, que empezaba a trabajar, pero poco, no para ser independiente económicamente. ¡Ya ni bajar podía! Mi pareja trabajaba lejos y gastaba mucha gasolina. No podíamos darnos gustos y aquí para moverte necesitas echar gasolina. Bueno, estábamos acostumbrados a vivir así. Lo principal eran los gastos, aunque no pudiéramos hacer nada más, ji, ji. Iríamos a mejor, ya lo haríamos. Debíamos asentar cosas, sobre todo trabajo.

Yo le decía a mi gente, hablo de quien curo (ayudo), con cariño que siempre no estaría, que yo era una herramienta para un fin. Yo les ayudaba a evolucionar y les daba o enseñaba las suyas (herramientas) para que ellos supieran funcionar solos y, sobre todo, con ayuda terrenal (energéticamente, ciclos y demás).

Yo no sabía cuánto tiempo estaría tan cerca de ellos y, para ellos, yo tenía que seguir escribiendo. Habría muchos que me pudieran necesitar. Además, quería viajar y darme un poquito de satisfacción, ji, ji. No por ello siempre me tendrían a su alcance de una forma o de otra.

Capítulo 42

Salto a un nuevo sueño

Llegó el momento. Mi pareja me comentó sobre cambiarnos a dos pueblos más para allá, a unos 15 o 20 minutos más, porque gastaba mucha gasolina y llevaba algún tiempo pensándolo. Uff.

¡Yo no quería irme! No suelo cambiarme así por así de vivienda por trabajo, ¡pero él sí! A mí me encantaba en dónde vivía, la casa me gustaba y conocía gente. Uff, me costó un tiempo irlo asimilando o al menos pensarlo. Somos dos. Yo hubiera esperado más, él no.

Bueno, ¿por qué no hacerlo ya? Sí que me daba cuenta de que empezaba otro ciclo en otoño y podía haber cambios, ¿pero así? Estaba demasiado centrada en mi trabajo para ellos, tanto que me despisté de mí misma, ji, ji. Lo que empezaba a plantearme ya estaba aquí, y yo sin enterarme, ji, ji.

Quizás para seguir adelante y conseguir trabajo debía hacerlo (mudarme). Eso yo no me lo había planteado... A veces las cosas vienen desde otro ángulo, ji, ji.

Sí que me daba cuenta de que llegaría otoño y tendría que ponerme a buscar trabajo a lo loco, y que tendría que dejar de curar para reunir todas mis fuerzas para ello ¡Tenía que sacar mi libro! Además, si yo quería viajar, no tendría tantas raíces. No debía cogerle tanto cariño, pues tarde o temprano debía marchar. Y, a pesar de que me encantaba la casa, le faltaba un poco jardín para ser perfecta para mí. Necesito el exterior, ji, ji.

Buscaría exterior porque esta no la compraría y, a pesar de que estaba contenta, debía irme. Y lo más importante de todo, y lo que me hizo tomar la decisión, es que el cambio era total, porque ahora venía totalmente nuestro plano, lo que mi pareja y yo habíamos construido juntos, y eso venía con el cambio de domicilio (nuestro mundo dentro del de todos).

¡Es muy difícil a veces tomar ciertas decisiones cuando estamos a gusto con algo!, ¿verdad? Pero hay que hacerlo, hay que buscar el mayor bienestar de todo en general, porque todo debe ir acorde, no sólo la casa, y este era mi caso. Y, sobre todo, hay que ponernos de acuerdo en pareja. A veces, uno va más rápido que el otro, dependiendo de lo que deba ir arreglando por el camino, ji, ji (debemos irnos esperando un pelín). Él lo decidió por un motivo y yo por otro, pero coincidimos en la conclusión: mudarnos.

No perdáis tiempo en tristezas y enfados tontos, porque ello os lleva a no ver con claridad vuestro entorno y, por consiguiente, vuestro camino. Si un camino no termina de funcionar, ¡toma otro! ¡Es de humanos errar! No os preocupéis, ¡poned remedio y ya! A mí también me pasó, ji, ji.

Capítulo 43

Camino hacia la libertad en pareja

Cuando conocí a mi pareja, pensé que él era mi mitad en físico. Teníamos la misma mirada interior, jiji. Pero para eso he tenido que hacer el camino para hasta llegar a él, porque además era el mío (de cada individuo).

Nos ha costado mucho llegar hasta aquí y en varias ocasiones he querido dejar la relación. Creo que al fin llegamos a un punto intermedio (equilibrio). ¡Nos complementamos! ¡Dónde no llega uno llega el otro! Yo no me como su terreno (espacio) ni él el mío, que, a la vista, es bastante grande. O al menos lo intentamos, ji, ji.

No somos una pareja común (tradicional) y eso me ha llevado a no llevar bien la relación en muchísimas ocasiones. Él ya venía con este aprendizaje: libertad. Ji, ji.

Aquí estamos haciendo nuestro camino y ahora sí estamos donde debemos estar: el mundo que ambos hemos construido juntos, aquí y ahora.

Con el tiempo, no sé qué tal nos irá en pareja, pero tampoco es una cosa que me agobie. Además, somos dos por opinar, ji, ji. ¡Pero, si es por mí, será porque yo lo decidí así! ¡Yo decido mi camino y será por un bien! Vivo mi presente lo mejor posible y la vida ya irá diciendo, según vayamos construyendo. Sigo mis sueños y los construyo. Y ya se me están haciendo realidad, ji, ji.

Vivir en pareja es complicado. Yo misma he sido una persona que ha sufrido mucho por amor, siempre esperando que hicieran lo que debían hacer o mirando más por ellos que por una misma. Ya no espero, ya no intento que mejoren, los acepto tal y como son. Si me va bien, adelante, y si no, pues con el tiempo ahí me quedo. Otra cosa es ir a contracorriente y ya me cansé de hacerlo, ji, ji. ¡Porque nada consigo! ¡Entonces para qué! Es difícil y duro aprender, ¿verdad? Se sufre mucho. ¡Ojo! A veces no es aprender a hacerlo mejor, sino aprender a llevar a las personas (aceptarlos), ¡como a ellos les va bien! Recordad que todos no tenemos las mismas herramientas y el que tiene más es el que debe ponerlas por su bien, ji, ji. Creo que con esto lo digo todo.

Pero, si dejáis de apretar las situaciones, de ver sólo desde vuestro ángulo y dejáis que las cosas fluyan, éstas podrían ir mejor, ¿verdad? Cada individuo tiene su personalidad y su libertad (no se la arrebatemos), sea cual sea su parentesco.

Funcionamos de distinta manera y a cada uno le va bien por cómo funciona. ¿Cómo vamos a cambiar eso? ¡Que decida la persona qué desea cambiar de él!, ¡no nosotros! Dependemos de nuestra evolución. Respetemos.

Si somos libres en pareja, a la larga seremos más felices, porque la libertad que tú le estás dando a tu compañero te la estás dando a ti misma. Al menos así lo veo yo.

Cada uno coja lo que necesite. Sobre todo, hay que hacernos valer por nosotros mismos. Todo lo que podamos hacer solos nos engrandecerá y seremos más autónomos y no sufriremos por aquello que debieran ver, darnos, estar o que no se enteran o son vagos en su proceso. Mejor es darnos a nosotros mismos y pedir cuando no alcancemos. Nadie te conoce mejor que tú mismo. Lo que venga será un regalo.

El amor se puede dar de muchas maneras, ¿verdad? Darnos demasiado no nos ayuda a nosotros a crecer y nos volvemos más dependientes. ¡Ahí tenemos una limitación! ¿Por qué debemos dejar esa carga a los demás? Ya sé que muchas veces se hace con cariño, pero eso no ayuda a crecer. Hombre y mujer deben hacer las cosas por igual, evidentemente, hasta donde se llegue, ji, ji.

Nuestra pareja debería ser un compañero de viaje y cada uno debiera tener su propia vida individual. ¡No todo se puede compartir! Ejemplos: familia, amigos, gustos, experiencias, etc., ji, ji. Depende de cada relación y de los valores de la persona y de cómo ve la vida; así mismo, uno sabe (o aprende) cómo quiere dejarse querer.

Y eso, amigos míos, es un matiz de diversidad de colores. Cada uno coja el que le vaya bien, ji, ji. En cualquier aspecto del amor (familiar, etc.) podemos encontrar el punto intermedio. ¡No nos comamos el espacio de nadie!

La libertad de cada uno enriquece más a la persona y a la hora de compartir en pareja (familiar, etc.) es más enriquecedor para ambos. ¿Por qué? Estarán completos consigo mismo, y eso es muy muy importante a la hora de compartir en pareja y con todos los demás. ¡Cada uno tiene su personalidad activa y feliz y se sentirá pleno consigo mismo! ¡Imaginaos el enriquecimiento para la pareja!, ¡es muchísimo! Así como el bienestar que también sentirá uno con todos los demás. ¡Démonos esa libertad que tanta falta nos hace! Al menos este es mi punto de vista.

Lo mío me ha costado llevarlo a cabo lo más posible, como a todos. He aprendido a no necesitar. Necesitar es una limitación. Hay que darle la vuelta, al igual que llenarse, ¡que es otra!

Anteriormente yo era así. Mi interior necesitaba y necesitaba y me sentía mal. ¿Y si no me lo podían dar o dármelo? Me enfermaba por dentro. ¡Ya no! Hay que saber cuándo podemos alcanzar algo; hay que saber esperar o pedirlo, si no depende de nosotros, pero no pedir y pedir hasta exigir; eso no. Cuanto menos dependamos de los demás, mejor; más nos daremos nosotros mismos y más independientes seremos. No tenemos que esperar que nos den, no hace falta, porque si no, nos hacemos daño, y lo hacemos.

Uno se ha de sentir lleno interiormente, pero de sí mismo, y darse lo que vaya haciendo falta, pero disfrutándolo, compartiéndolo, enriqueciéndonos y aprendiendo. ¡Ya no hay ningún vacío que llenar (estamos nosotros)! ¡No necesitamos! Cambiemos la palabra necesitar por "hace falta darnos". No es lo mismo. Necesitar, si no lo tenemos acabamos sintiéndonos mal. Hace falta, mira si lo tenemos mejor, o esperamos a tenerlo. Aunque no lo tengan que dar. Mientras esperáis, lo aceptáis y ya no lo necesitáis.

¡Algo así! Intento que veáis que la necesidad no es buena. ¡Vais a medio arranque, ji, ji! ¡No se aprende hasta que no dejas de necesitar!

Enfermáis, si no lo tenéis, porque os hace falta. Otra cosa es dároslo cuando se pueda o irlo a buscar vosotros. Inclusive pedirlo llegado el momento, siempre que puedan, dároslo. ¡Eso es otra!

Llenarme de aquel momento que viví… ¿Y el resto de los días qué? Ya habido algunas personas que me han dicho que la vida son momentos. ¡Para mí no es así! ¡Todos los momentos cuentan! Mi vida es una continuidad. No sé cómo explicarlo.

Yo soy feliz en cada momento de mi vida, haga lo que haga. Evidentemente, tengo alguna tristeza, como todos, sobre algún tema en especial. Siempre hay momentos más duros que otros, pero más a mi favor para sacar una sonrisa.

No te puedes hundir con el problema. Las cosas me las llevo a mi terreno e intento sentirme bien con lo que hago. Evidentemente, unas cosas son mejores que otras; con unas me sentiré muchísimo mejor que con otras, pero siempre intento sentirme satisfecha con lo que hago. Intento no agobiarme o hacer de mala gana lo que esté haciendo, pues, vaya, creo no podría vivir así. Entonces para mí todos los momentos cuentan. ¡Mi vida es una suma de todo! Si no, sólo estaría bien y feliz en momentos muy especiales. Pues, vaya, así tampoco podría vivir. ¡Vaya tristeza! Espero haberme explicado. ¡Yo al menos lo veo así y lo vivo así!

¡Señores!, ya no trabajamos con el espíritu (va y viene antiguo). Trabajamos con el cuerpo y tiene órganos y demás y lo enfermamos. No puede ser.

"Llenarnos lo mismo" a la que nos llenamos, luego se va y nos sentimos vacíos. No hay que llenarnos como un globo para luego deshincharnos. Vaya gracia. ¡Llenos de nosotros hemos de estar!

Nuestro cuerpo, íntegro, ha de sentir, no nuestro estómago y pecho, pues esos se van. Mejor energéticamente se queda y nos enriquece. No hay altas ni bajas, pues se queda en nosotros cada día; está en nuestra piel y no se va.

¡Nos sentimos bien! ¡Llevamos una continuidad de felicidad en nosotros! Es avance, pues el espíritu se convirtió en energía y esa energía es la que estamos integrando a nuestro cuerpo físico (evolución energética). No por ello la energía no deja de ser lo que somos espiritualmente; ahí está nuestro ser energético, que riega todo nuestro organismo, como la sangre, ¡o eso es lo que debemos conseguir! ¡Pero no se va a ningún sitio!

Yo viví el antes y el después. Recordad que yo no he estudiado nada, que toda la sabiduría me la ha dado la grandeza de mi "ser evolutivo", ¡y la misma vida! Todo ha pasado por mí. ¡Qué mayor aprendizaje es ese! Y, así mismo, vosotros os lo podréis ofrecer de igual manera.

Capítulo 44

Libertad en mí misma

Continúo por donde había dejado los temas de la libertad, la pareja, cómo lo llevaba yo pasando tantas horas sola y lo que me había costado cogerme la libertad que necesitaba.

Él trabajaba muchas horas y debía moverme sola para casi todos lados y sin mi familia. Uff, menos mal que los amigos que tengo por aquí son como "familia".

Pero no comparto con la gente como antes en mi matrimonio y eso me ha costado muchísimo llevarlo mejor. Subo y bajo de Barcelona y comparto con mi familia súper a gusto; tampoco tengo que aguantar rencillas de yerno y suegro, y lo mejor de todo es que estoy como soltera.

Voy a casa de mis padres y me quedo con ellos. Genial. Nunca pensé volverme a meter debajo de ellos de esta manera. ¡Me encanta! ¡Súper feliz amanezco con ellos y disfruto más el tiempo con ellos y con mi hija!, ¡claro!

Entro y salgo con familia, amigos y ya mismo tendré que moverme mucho por mi trabajo, ji, ji.

Soy muy independiente, la relación así me hizo serlo. Además, sería lo que necesitaría para mi trabajo y familia. Hago lo que necesito hacer y mi pareja lo respeta. Pobrete, pero seguro que algún día conseguiremos viajar juntos y disfrutar juntos de mis logros, ji, ji. Menos mal que es muy apañado y puede quedarse solo; ¡sabe hacer todos los quehaceres en casa! Ji, ji. Ha vivido tantos años solo que tuvo que espabilar, y eso a mí me ha ido genial. ¡Gracias, guapo! ¡Él también se lo merece! Y yo siempre respetándolo, evidentemente, y mirando por él. También respeto su opinión. Creo que la grandeza no está en lo que pedimos, sino en lo que pueden ofrecernos, ¡no creéis!

Debía dar el siguiente paso, ¡pero ya! ¡Qué rápido iba todo! Ya iba trabajando lo de los ciclos hacía años y cada vez iban más rápidos y trabajaban distintas cosas; era más arreglar qué disfrutar, pero ahora sería al revés, ji, ji. Más disfrutar que arreglar, salvo las situaciones, evidentemente, del trascurso de la vida.

Este fue el cuarto trimestre: verano. Lo que trabajé mucho fue mi trabajo, ampliándolo y asentándolo, y la decisión de dejar de curar por el momento para terminar mi libro y así podérmelo costear, con la decisión de buscar trabajo (físico).

Otro cierre de ciclo (un año) con sus cuatro estaciones. Habéis observado que en cada una se trabajaba algo distinto o se ampliaba. Abría una estación y empezaban las circunstancias; cerraba una estación solucionando ese trabajo. ¡En nosotros, por supuesto!

Esa es la forma de haceros ver la importancia de ellas (estaciones) para nosotros, una rapidez de las cosas. Ganamos muchísimo tiempo (años) y tenemos menor sufrimiento. ¡Vale la pena conocerlo!, ¿no creéis?

Os preguntaréis por qué otoño es un nuevo ciclo. Es cuando yo salí de la oscuridad y estaba en mis energías, cuando empecé a cambiar cosas, cuando vivía en esa casa que es una ruina, ji, ji, la que me prestó mi ex (espiritual), la que le cuidaba a la señora, la que se rompía toda, ji, ji.

Capítulo 45

Sueños cumplidos… Aladdín, parte 1. Enraicé mi trabajo.

Nueva estación en otoño; otra mudanza. Un nuevo ciclo daba comienzo… ¡Otras cosas habría que trabajar!, ¡mi libro, por ejemplo! Ji, ji.

Ahora sí sería presente totalmente en pareja. ¿Cuánto costó y cuantas cosas por resolver y asentar? Yo más que él.

Buscamos vivienda rápidamente porque ya se cumplía el año de la casa (contrato). Al final, nos quedamos a medio camino de su trabajo porque así a mí también me iría bien. Había pasado muchas veces por ahí y me gustaba porque tenía muchas rocas y se veía un anfiteatro como romano; se veía guay.

A mi pareja le habían dado un teléfono y se había puesto en contacto. Eran viviendas de alquiler por días. Este pueblo es muy turístico y contiene muchos restos romanos. En fin, que ya nos llamaría; el hombre estaba muy ocupado y tenía gente.

Pasaron los días y nada. Salieron otras cosas, pero no concretábamos algo. Un día, me dispuse a ir y ver qué encontraba. Preguntando y preguntando, miré algunas opciones, pero todo estaba ocupado. Paseando llegué a la puerta de mi futura casa. Me encontré con el hombre que mi pareja había llamado y estaban a punto de salir los inquilinos.

Vi la casa y me gustó. Era más pequeña, ¡pero tenía patios exteriores y unos exteriores preciosos! Rocas, vegetación y un río… La casa parecía que pertenecía a la misma montaña; ¡salía de ella! Ji, ji.

Volvimos juntos mi pareja y yo y decidimos alquilarla. A él le gustó muchísimo. ¡Nos mudamos! Casa nueva, ciclo nuevo. Todo justo a tiempo.

Las cosas se colocan en donde deben ir, sí, pero las decisiones se han de tomar primero. Si antes no las vistes, no te preocupes, ¡llegado el momento las veréis! Todo tiene su proceso. ¡Me encanta mi mundo, cómo es y cómo se mueve! ¡Hasta a mí me sorprende!

Y no os imagináis cómo le llamaban al pueblo. El pueblo se llama Almedinilla y en un letrero grande en la entrada se lee: Tierra de sueños. Increíble, ¿verdad? ¡Alucinante! Donde vine a parar… Ji, ji. ¡Pues así es!

No sólo estaba construyendo un mundo donde tenga lo que necesite y mis sueños se hagan realidad, sino que encima llegué a un pueblo que dice que sí se me van a realizar. ¡Olé! Ji, ji. ¡Veis cómo la energía traspasa lo físico! Y no es porque lo diga yo, lo dicen los hechos; olé. Así sí vale la pena, saber, ¡no creéis! Al menos así lo veo yo.

Y ya algunos tengo hechos (sueños), luchando mucho y construyéndolos, evidentemente, ji, ji. Yo creo que os he dado pruebas de ello en mi narración, ¿verdad? Por eso a veces soy tan concreta, ¡para que veías y podáis entender mejor! Y a eso me refiero, que a través de la energía lo hagamos físico, si no, no sirve, ¿verdad? Ejemplo: pueblo Tierra de sueños.

Ya estábamos en la nueva casa. Traíamos muchas cosas y como esta casa era pequeña, no nos amoldábamos igual. Para colmo, la puerta estaba en obras, levantando todo el suelo. Un día, sacando al perro, me pusieron un tablón en el escalón y lo pisé mal y me fastidié el pie. Me hice un esguince, vaya tela. Empezamos bien.

Yo no traía la misma ilusión que en la otra casa, pues se notaba que estaba sin terminar de colocarse las cosas; me pasó a los 15 días de llegar.

Y estaba sola. Mi pareja trabajaba, iba a comprar y hacía todo lo que podía. Estuve en casa un montón, sin salir a la calle, pues mira por dónde tengo escaleras y no me fiaba de volver a caerme. La verdad, lo pasé fastidiada. ¡Me sentía cómo la casa! Está metida entre rocas y así me sentía yo, en una cueva. Para colmo, la gente a la que había ayudado ni se acordaba de llamarme alguna vez; no necesito mucho, ¡sólo algo! Yo les dije lo que me ocurrió, y eso que no les hizo gracia me fuera del pueblo. Olé. ¡Que me dieran una vuelta al menos!

Me entristecí más, pero poco, eh. Entiendo cómo es la gente y no espero nada de nadie, pero cuando estás un poco chafadilla, limitada y sin poder salir, ¡se nota algo! Ji, ji.

Y a más, que mi familia está tan lejos que ellos para mí, es, lo más parecido.

Ahora hablo en general, en mi vida… Menos mal que con el tiempo aprendí a recoger mi corazón y a dar según se vaya necesitando y, por supuesto, ganando. ¡Así no se sufre tanto!

Pero cuántos entendimientos y porqués he debido aprender. Uff, demasiados, si no, ¡no hubiera podido hacerlo! No hay que desperdiciar los sentimientos y que no los valoren y por ello hacernos sentir mal. ¡Nanay de la china!

¡Vamos que no! Aun así, no me he topado con una persona como yo, que esté tan pendiente de los demás, se preocupe por ellos y se alegre tanto por su bienestar. Seguro las hay, pero no me las topé, ji, ji, pero gente buena sí, ¡eh!

Me ha costado lo mío; es muy difícil, pero ahora mi corazón trabaja de manera diferente y lo lleva mejor.

Es que no decido yo "sí o no". Mi evolución ha hecho que trabaje así (corazón) porque, si no, seguiría teniéndolo crudo (daría a manos llenas), ji, ji.

Sanando lo doy todo y en mi vida personal es distinto (también tuve que discernir y separar), pero dar menos no es no dar nada; es más eficaz así. Depende de ellos, no de mí (también deben ganárselo).

Antes lo aguantaba todo y ahora no tengo por qué hacerlo. No debemos pasar por todo lo que los demás quieran (dañarnos a propósito). Sí a aprender y no más. Que se esfuercen y cambien, al igual que lo hacemos nosotros, ji, ji. Recordad las peleíllas que tenía con mi padre sobre este tema... Intentó doblegar mi corazón y no pudo, por mi bien. Tuve yo que ir aprendiendo, poco a poco, sintiéndome bien conmigo misma, y eso ha sido un largo camino. Ji, ji. Antes era buena y tonta, ahora soy buena, pero no tonta, aunque a veces sigo siéndolo, ji, ji.

Es mejor y más bonito recibir sin esperar, pero también deben saber cuándo dar. Yo siempre me he sentido muy querida, en general, y lo agradezco de todo corazón, ji, ji, al igual que yo doy y demuestro mi cariño por todos. También me lo habré ganado, ¿no creéis?

Debemos equilibrar nuestros sentimientos, por nuestro bien, y que no lleven tanta carga emocional. Eso es muy muy malo y nos pasará factura. Además, no nos dejará avanzar como debiéramos. Porque es muy bonito ser tú, como eres, y mostrarte a los demás sin reparos, pero para ello se necesita mucho entendimiento. Así no habrá carcasa alguna que podamos ponernos, y para ello hay que hacer un gran trabajo mental y emocionalmente, todo bien digerido para poder expresarlo satisfactoriamente por nuestro organismo, sin enfermarlo.

Y cuando haiga un atasco, no sólo hay que saberlo, sino también poder sentirlo para poderlo arreglar y así ver lo que os causaría en vosotros. Y para ello debemos estar lo más limpitos y organizados por dentro posible, es decir, engrandecidos y sin carcasas que nos tapen y nos dificulten que se nos vean. Hay que sacar rápidamente lo que nos interfiere porque ello puede dar lugar a que se compliquen otras cosas, ya dentro o por venir. Hasta los golpes que nos damos se notan, duelen muchísimo menos y la energía protege más a nuestro cuerpo, claro, si estamos bien extendidos (engrandecidos). Increíble, ¡verdad! A mí me ocurre.

Si esto hace por fuera, ¿que no hará por dentro? Ji, ji. Hasta el dolor de dientes es menor y llega a desaparecer, a mí me ocurrió, hasta que puede ir al dentista, ji, ji.

Sabía cuándo despertar ese dolor (joío). Aun así, era menor. Pero, si se ha de arreglar, debe salir. Así no lo dejáis, ji, ji. La energía dentro regenera (sana) y eso se muestra fuera.

Como os iba diciendo, a mayor entendimiento, mayor rapidez de conclusión en nosotros y más rápidos en solucionar. Si nuestros sentimientos están equilibrados, menos pérdida de tiempo a la vez. Todo acompaña a sufrir menos tiempo, o ni eso.

No tenemos que compartir toda su vida ni tenemos que aguantar la totalidad de una persona, pues chocaremos menos (ellos eligen ser quién son). Es mejor compartir sólo lo que no nos dañe, así cerraremos menos puertas y podremos darnos a esas personas, aunque sea menos, a no ser que nos pidieran ayuda y eso implicara más de nosotros, e intentemos no ir al fondo con ellos. Si no, ¡vaya ayuda estamos ofreciendo! Intentadlo. Ya sé que es difícil, pero vuestro camino de evolución puede ayudaros a que vuestros sentimientos no estén tan engrandecidos, porque así las emociones no se desbordarán tanto y podéis llegar a un equilibrio.

Por no sentir tan intensamente no queremos menos, no ayudamos menos ni somos menos cordiales y respetuosos, etc. Lo sentimos, pero con menos carga emocional, y eso es bueno para nosotros. Que no nos pase factura. Y energéticamente también puede ocurrir esto. Aunque el que quiere, puede.

Con los días venideros, mientras estaba mal con la pierna, comprendí que estaba muy encerrada en mí. Todo era nuevo y energéticamente funcionaba de manera distinta; era como si hubiera creado, ahora sí, mi mundo (completo). Las cosas debían irse colocando. Mi propio espacio, dentro del de todos, ahora sí se movería todo, 100%.

Aquí empezaba en serio mi trabajo; estaba enraizándolo, por eso me sentía tan encerradita. El pueblo de antes, donde yo vivía, lo sentía tan lejos... ¡Y así me lo tomé yo!

Seguramente, ni ellos podían llegar a mí (energéticamente) y surgirían los olvidos. Ejemplo. Ahora voy, pues tengo que llamarla, y así un día y otro, ji, ji. Sólo la persona que estaba en mi vibración, mi amiga de la zapatería, era la que se comunicaba conmigo. Ella sí me daba una vuelta, podía hacerlo. Y la señora a la que le voy a limpiar es muy buena conmigo. ¡Estaban en mi presente!

Tomemos las cosas con otro matiz. ¡Si ellos se portan bien conmigo cuando estoy con ellos, pues ya estará bien! Ellos están en otra vibración (planos más alejados) y eso es posible que dificulte la comunicación. Al menos así lo tomo yo, ji, ji, hasta que salí de mi hoyo energético.

Me gusta estar en paz con los demás y conmigo misma, así me voy a la cama más tranquila. Y eso es lo mejor que pudierais hacer por vosotros. ¡Yo lo veo así!

¡Ahí estaba yo!, en un lugar nuevo y sin poder moverme ni tan siquiera arreglar mi casa. Pensé: "Ou, qué mala pata". Nunca mejor dicho. ¿Pero me ocurriría para mal o para bien? Cuando hay un cambio tan grande de nivel, las cosas se han de amoldar, y tampoco no hay mal que por bien no venga, ji, ji.

Sé que desde que llegué Andalucía aquí el frío es distinto, quizá porque antes trabajaba muchísimas horas y subía muchas escaleras durante todo el día y ahora casi no trabajaba. Llevaba una vida muy sedentaria, bueno, caminar, si caminaba, me gustaba.

Empezó a dolerme la rodilla, justamente. Desde entonces no me duele así. Además, soy de cruzar las piernas y eso, a la larga, también fastidia. El esguince hizo que me cogiera hasta la rodilla, no sé si de tanto tiempo caminar tan mal; el caso es que aún resiento todo, pero está muchísimo mejor. Ya no tengo aquel dolor; es posible que me lo hiciera para mejorar, no para empeorar, ji, ji. Aunque ahora me queda el trabajo de ponerla bien, por este esguince, poco a poco.

Ah, mis padres vinieron en otoño y conocieron el lugar. Me hizo mucha ilusión. Fui con ellos a ver familia, guay, tanto de mi madre como de mi padre, y en una de esas conocí unas primas de mi padre; guay. Una de ellas está súper cerca de mí y es súper maja. Pues ya me quedó un contacto familiar cercano; tengo más de ambos alrededores, pero me pillan más lejos. No por eso no dejaré de ir, y más a donde me crie, ji, ji.

Esos días me sirvieron para asentarme con ellos allí; era como sumar sus vidas y la mía en mi lugar. Necesitaba hacer que esa vivencia fuera física. Un poco rara la explicación, ¡pero a mí me hacía falta eso!

Otra estación se cerró: otoño. Enraicé mi trabajo (echar raíces) para así poderlo asentar mejor y también a mi origen (niñez, Córdoba). Y así me sentía yo, como raíces en la oscuridad, con mi pierna, ji, ji.

Capítulo 46

Aladdín parte 11. Las buenas situaciones buscan su lugar

Nueva estación: invierno. Fue un invierno duro al principio, pero mucho peor fue el otoño. Recuperarme de la pierna e ir haciendo buenamente lo justo en casa… Ya colocaría cosas, no me quedaba otra, ji, ji.

Con lo activa que soy, cuando me ocurrió lo de la pierna, me aficioné más al Netflix. La tele era mi entretenimiento; en verdad, me ha ayudado en momentos que no podía hacer nada, muchas veces, ji, ji. No tenía ánimos ni para escribir; mira que no aproveché el tiempo así, ¡qué tonta! A veces debemos esperar buenamente con lo que más nos satisfaga; ¡hay que llevar los malos momentos lo mejor posible! Aunque no sea lo que deberíamos de hacer y no sentirnos mal por ello. Evidentemente, hay cosas y cosas, ji, ji. Allá cada uno.

Se me olvidaba que nada más llegar yo al pueblo, mi sobrino me dijo que quería venirse. Habían estado en verano la novia y él y les hacía gracia venirse aquí y la vivienda estaba más asequible. Pues a mí no me hacía mucha gracia, no por nada es muy querido para mí, pero a veces es tan cabezón y ve las cosas desde su punto de vista nomás… Y algún problemilla había tenido con él de adolescente, 19 añitos, ya ves. ¡Una bomba de relojería!, ji, ji. ¡Es un decir, pero sí!

Es un apunte. Con sus 17 añitos ya trabajaba cuidando ancianos en residencias, y cuando enfermó mi padre, fue el primero en ayudar, sobre todo en acarrear con su yaya, que muchas veces iba en silla de ruedas por el dolor de su rodilla. ¡Chapó por él! Él necesitaba probar otra cosa y yo le ayudé, hasta le encontré un pisito ideal para ellos todo reformado y, a su rollo de edad, estupendo.

Pensé que si iba no sería para tener más problemas. Todo lo hice con gusto y agrado. Al principio estaban bien. Él llevaba su vida, yo la mía y, evidentemente, nos juntábamos de vez en cuando.

Debemos estar bien, sí, pero no por encima de nadie, para eso existe el entendimiento, la paciencia y, por supuesto, aprender a saber cómo llevar mejor las cosas.

Pero igual que vino, se fue. Sólo duró unos tres meses (otoño). No se adaptaron aquí; eran muy jóvenes y les gustaba más Sabadell (movimiento). Las circunstancias, si no funcionan, se van rápidamente. A eso me refiero, ¡el tiempo es rapidísimo! ¡Mejor! Menos tiempo perdido y más y mejor aprovechado, ji, ji.

Trascurría el invierno y ya me sentía mejor. Empezaba a salir de mi cueva más. Podía irme moviendo (un poco aún cojita), dedicarme mejor a la casa e investigar mis alrededores, que casi no conocía.

Llegó Navidad y pude subir a Barcelona a pasarla con mi familia. Qué alegría. El año anterior no pude, pero tuve a mi hija conmigo, luego volvería para año nuevo con mi pareja. Olé.

Comencé nuevamente a escribir, ji, ji. ¡Qué paciencia la mía, uff, en general en mi vida! Y ya todo para adelante, no habría más paros. Sé que estaba cerca de sacar el libro y debía esforzarme. Este año lo terminaría e intentaría lanzarlo, ji, ji.

Me esforzaba mucho en mi pierna, en ejercicios que yo me hacía al salir a caminar, porque debía recuperarme pronto. Tenía que buscar más trabajo, pero no me salía de lo que yo hacía y no entendía por qué. Hasta, a veces, yo no sé qué pieza he de mover para que funcione. ¿Me equivoco en algo?, ¿dónde? ¡No sé! ¿Qué decisión he de tomar o cambiar?

Empecé a salir y a ver a mis conocidos. Ya estaba muchísimo mejor y necesitaba moverme y no vivir en pausa; podía trabajar. Y también tenía que conocer un poquito más el lugar donde vivía; aún no me había incorporado al pueblo, ji, ji. Se ve que lo que me faltaba era hacerme un poquito más del pueblo. Ya me gustaba más y me sentía mejor dónde vivía; era cómo empezar a aceptar donde vivía. Se ve que aún no lo había hecho porque echaba mucho de menos lo de antes.

La casa de antes era más grande y aquí no me cabía todo como yo quería, pero, bueno, poco a poco las cosas iban encajando.

Tampoco había tenido mucha oportunidad de disfrutar de mi alrededor; no había vivido mi momento (presente). Y con el problema de la pierna se me había atrasado mi venida un montón, ji, ji.

Otra estación se cerró: invierno. Retomé mi libro y estuve recuperando mi pierna con ejercicios y amoldando la casa de la mudanza y "aceptándola".

Capítulo 47

Aladdín, parte 111. ¡Cuando es correcto! Dicho y hecho

Otra nueva estación llegó: primavera. Ya empezaba la primavera y como las flores estaba yo, abriéndome a mi nueva vida, ji, ji.

Ya la casa parecía otra y pareciera que nos estuviera esperando, porque no me había dado cuenta de que todos aquellos rincones se podían aprovechar, ji, ji. Ya me gustaba más, pero era muy, muy, fría en invierno. Pero ahora aprovecharíamos las terrazas y las vistas.

La pierna hizo un gran adelanto y decidí buscar trabajo más en serio. Tenía que encontrar uno porque quería costearme el libro y mis cursos. ¡Debía hacerlo ya! Estaba liada con los cursos también y quería sacarlo todo junto, hasta que me di cuenta de que no era posible, ¡no alcanzaba! Pues hasta que no tomé la decisión de separar cosas, no me di cuenta de que el momento estaba aquí.

Somos complicados, ¡eh! Nosotros mismos nos asfixiamos, obstruimos el camino, pero a veces es complicado verlo, por eso debemos ir cambiando cosas, si vemos que no se avanza, ji, ji.

La editorial ya la tenía y me ofrecían pagar a plazos. Era el momento, ¡iba a por ello!

Un día, hablando con una amiga que yo había ayudado, ella tiene una zapatería y de vez en cuando me daba trabajo, pues mira que salió la conversación del trabajo y comenté que también había sido ayudante de cocina. La muchacha me dijo que por qué no buscaba trabajo de eso, a ver qué tal. Yo le dije sí; pensé que podía probar. Mi tío tiene un restaurante, es muy majo y he ido a veces (en años) a ayudarle en cocina cuando me ha necesitado. Yo he podido (un apoyo en los platos), pero no tengo experiencia en más, quizá en alguna ensalada. ¡No creía que me cogerían! Pero podía probarlo. Y así quedamos.

Pues en breve me mandó una foto de Facebook que pedía ayudantes de cocina. Olé. Fijaros que sólo necesitaba aceptar para hacer ese trabajo. Era algo inacabado en mí y encima llevaba el camino correcto.

Ya ven que Facebook yo no lo miro, no tengo costumbre, ji, ji. Entonces salió la oferta justo cuando decidí ampliar (cambiar) de trabajo, ya que no me salía de lo mío: limpieza, y justo cuando tomé la decisión enserio de lanzar el libro y hablar con la editorial para poder hacerlo en breve

Piezas importantes debía mover. La vida es un puzle y hay que irlo colocando para que vaya funcionando. Claro que sí lo intentaría a ver qué tal; quedamos para una entrevista.

Era una señora majísima y estuvimos charlando bastante rato. Yo le dije de mi experiencia más bien nula. Ella necesitaba un ayudante con todas las palabras, pero no por eso dejó de darme la oportunidad, ji, ji. Me dijo que ya aprendería, que tener ganas de trabajar y hacer las cosas bien era lo más importante. ¡Increíble!, pero cierto. Tendría la oportunidad, al menos, de intentarlo, ji, ji. Y así fue.

¡La señora era una buenísima persona y con un nivel alto de aprendizaje de cómo hacer las cosas de mejor forma!, ¡de cómo nos tomamos las cosas!, ¡de lo que en verdad tiene valor!, ¡de a lo que verdaderamente hay que darle importancia! En fin, eso era buenísimo para mí, pues teníamos cosas en común, ji, ji.

Y en el trabajo ella era muy trabajadora, eficaz, cordial y amable con su gente. Es muy querida y no me extraña; en seguida se hace querer, ji, ji. Le gustaba estar pendiente de sus comensales y que no les faltara nada. Su restaurante es su casa, nunca mejor dicho, pues tiene su vivienda arriba. Ella lo lleva y mis compañeros y sus hijas le ayudan, aparte de sus respectivos trabajos. Son iguales que la madre, muy trabajadoras. Y su marido, en el campo, es muy trabajador también; muchas veces hasta de noche trabaja.

Al restaurante le va divino y no me extraña por cómo es ella y por cómo mira por la gente de su alrededor. Tiene una bonita familia, son muy buenos todos. Mis compañeros también son muy majos. De un árbol bien asentado y con buenas raíces y fuerte salen buenos frutos, ¡no me extraña que así todo le rule bien!

Para que veáis dónde está el éxito: ¡en nosotros! Pero hay que esforzarse y ganárselo, ¡eso sí!

Ella conmigo se porta muy bien, me enseña y tiene una paciencia... A veces la lío, ji, ji. Yo intento aprender rápido y mucho para quitarle faena, porque ella sola lo lleva todo. ¿Sabéis?, creo que no se me da tan mal. Me faltan muchas tablas (experiencia) y rapidez, pero hago lo que puedo. Intento cada día ser mejor. Estoy contenta de poder intentarlo y me siento en familia, porque ellos son una gran familia y me tratan bien, ji, ji.

Lo importante es que me gusta hacer comida y que otros la disfruten. Eso siempre me gustó, pero en cocina de restaurante... guauuuu. Tiene mucho tutee (trabajo) y un estrés que aún no sé digerir. Espero aprender rápido, ji, ji. Y los horarios, uff, yo tampoco tenía costumbre de acostarme tan tarde, algún día suelto nomás. Y las comidas... Comer tan tarde tampoco y a veces ni ganas tengo de tanta comida que veo, ji, ji.

Soy una persona más diurna, de levantarse temprano, tener comidas regularmente, a sus horas, mediodía y noche, y dormir pronto 00.00h, lo más posible, ji, ji.

También ha sido por el tipo de trabajo que he tenido. Mi cuerpo lo tengo acostumbrado así, no es que yo me ponga los horarios. El cuerpo me pide la comida y el sueño sobre su hora, si no, se me pasa. Y así funciono bien, más equilibrada. Lo que quiero deciros con tanta explicación es que al tomar la decisión de intentar este trabajo y el camino que seguía para el libro, mi cuerpo me está ayudando a llevar mejor este trabajo tan fuera de horarios.

Acostarme tarde y levantarme más tarde a veces… Nos hemos tenido que incorporar otra vez, con pocas horas de sueño, a comer tarde. Alguna vez mareo me ha dado de no comer nada hasta tarde, ji, ji. Y no porque mi jefa no me diga que no coma nada, pero no tengo tiempo o no me paro. Ella para eso es espléndida, tanto si necesitas beber como comer.

Me estoy acostumbrando a estos horarios mucho mejor de lo que yo pensaba, hasta yo me sorprendo, ji, ji. Y que no me colapse con tanta carrera y tantas cosas a la vez que hay que hacer, yo he estado a veces en cocinas con mi madre, porque ella lo lleva en la sangre. Y los veía y, uff, qué locura. No sabía ni cómo se enteraban; eso era lo que yo veía desde fuera y ahora, mira, me tocó a mí. ¡Espero me vaya tan bien como a mi madre! Ji, ji.

Cuando estamos en el momento oportuno y estamos haciendo el camino bien y lo que debemos, inmediatamente nuestro cuerpo nos ayuda a que todo salga mejor y a superarnos a nosotros mismos. ¡Por eso es tan importante nuestro crecimiento interior! Eso sí, con ayuda de los demás (cada uno pone su granito de arena). Porque si mi jefa no fuera cómo es, tampoco hubiera tenido la oportunidad, pero cómo estoy en el momento de progresar, la gente que me rodea es afín a mí. Guay. Y yo lo agradezco de corazón. Es el esprint final.

Se me olvidaba… Os comenté que tenía un poco de alergia al polen y el polvo en cantidad, pues llevo dos años, desde que estoy aquí, que eso ha mejorado muchísimo. Os comenté que algunas alergias son emocionales y se ve que la mía sería todo lo que no decía y no expresaba. ¿Y ahora cómo lo hago? Ji, ji. No era grave, sólo tomaba algo homeopático para la tos fuerte y agua de mar por la nariz. Y va genial. Lo comenté en el restaurante y madre e hija lo probaron y se les calmaba bastante y mejoraron. Y mira que ellas tomaban medicación y ni con eso se les marchaba. Debemos saber cómo llegar a la enfermedad, no todo sirve, entonces hay que mirar otras opciones. ¡Mira que cosa más simple! Este año, aún mejor, ni he tenido. ¡Estupendísimo!

Otra estación se cierra y, como fue primavera, mi libro y su costo se abrieron como una flor, dando comienzo. A la vez, conocí una parte de mí que estaba parada (cocina) muy satisfactoria para mí. Ya tenía ganas de desarrollar mejor este trabajo (me quité la espinita), ji, ji.

Capítulo 48

Aladdín, parte 1V.
Todo tiene un porqué

Llegó otra estación: verano.

Gracias a mi trabajo puedo costeármelo (la editorial me espera) y gracias a mi jefa, que no sabe lo importante que es para mí que me haya dado esta oportunidad; cualquier otro no lo hubiera hecho sin tener experiencia, al menos de donde yo venía.

Tenía para la editorial y alguna necesidad para casa, un lavavajillas que ahora tenía mucho trabajo, a mi pareja no le gusta mucho fregar platos, ji, ji, o un congelador de cajones para guardar más cosas. Teníamos una nevera pequeñita y aquí no se compra todos los días. Todo de segunda mano, ¡claro! Pero efectivo. ¡Eran cosas que antes no podíamos darnos!

Íbamos viento en popa, con mucha faena, eventos y demás. Y cuál fue mi sorpresa cuando, a mediados de julio, bajó la faena (gasolina y subida de todo). El restaurante está situado en una aldea y la gente debe venir de fuera; supusimos que mejor se lo ahorrarían. En fin, ya no teníamos tanto trabajo. Y, claro, no podía darme lo que no tenía. Me llamaría cuando se animara la cosa. Uff, ¡qué triste!

Pensé ya se habían acabado los problemas económicos para mí, y pues no. ¡Ala! A seguir luchando, ji, ji.

Aún me quedaba plazo y medio de libro. Lo puse en cinco plazos con la editorial y era un buen pellizco. ¿Y ahora? ¡A lo hecho, pecho! Ya saldría otra cosa.

En menos de una semana encontré trabajo en una pescadería de una chica que conocía poco. Aquel día cogí una calle que no solía transitar y ella vivía en mi pueblo y allí nunca me encontré con ella. Casi hace un año que vivo allí. Las circunstancias se movieron para que aquello tuviera lugar en aquel preciso instante, ji, ji. Ella necesitaba una chica para limpiar calamares y yo me da un poco así las cabezas u otros pescaos, pero acepté. Lo intentaría y aprendería a hacerlo como ellas lo hacían. La chica me dio esa opción; es maja y agradecida estoy.

¿Os cuento un secreto? Me da vergüenza, pero ahí va. Aprendí a limpiar calamares porque mi madre me castigaba sin salir hasta que lo hiciera. Olé, mi madre. Para que luego digan que los castigos son malos o no sirven, pero muchos de ellos dan resultado ¡Escucháis, juventud, hay que aprender, que luego nos sirve! ¡Escuchad a los padres! ¡La veteranía es un grado! Ja, ja, ja.

Hay que ver que la vida se empeña en que afronte cosas que para mí son más costosas y que nunca pensé en hacer. Hay tantos trabajos para elegir, pero me satisface que pueda superarlo, ji, ji.

Al principio no ganaría mucho, sólo hasta aprender. Debía madrugar mucho para pocas horas, pero debía intentarlo y al menos me traería algo para el libro, que era lo que necesitaba. Con el tiempo iría a más, más trabajo, más economía. ¡Debía esforzarme! Entre eso, limpiar alguna casa y ayudar a mi amiga en la zapatería alguna vez, y si en el restaurante también me avisaban de algún día suelto, pues un poco de aquí y un poco de allí y ya estaría. ¡O lo que salga! Ya se iría creando por el camino; seguro sacaría para el libro y, si no, lo pido. Mi padre estaría encantado de ayudarme. Siempre lo hace cuando lo necesito, ji, ji. Y mi madre también, evidentemente. ¡Ahora pueden!

Creo en mí y en mi mundo que yo me construyo con mi esfuerzo, y es como todo, pues los principios son costosos. ¡Pero seguro que irá rápido!

¡No creáis que, a pesar de saber y de ver, yo no decaigo! Sólo poco (leve) y a veces ni yo sé dónde me equivoco o dónde me atasco, porque no todo viene de mí, sino también de nuestro alrededor más cercano. Llevo una vida personal, como todos vosotros, y, más a más (vosotros), mi mundo energético.

También necesito mi tiempo, a veces, para orientarme o para salir de mi propio atasco; es ley de vida (crecimiento). Nos pasa a todos. Dependiendo del aprendizaje de la persona, esto es más costoso. ¡No lo olvidéis! Seguid luchando, ji, ji.

Capítulo 49

Uniendo mundos

Estoy enraizando mi trabajo (espiritual), lo estoy asentando; unas buenas bases (inamovibles) y luego a crecer. Olé (todo lo que se pueda), ji, ji.

A mi pareja también le gustan mucho los ordenadores y algún día pretende ser autónomo; a ver si lo conseguimos los dos y así podremos viajar juntos, un sueño de ambos. Ahora vamos a la par, por eso os decía que la relación estaba en presente. Abrimos y cerramos ciclos juntos. Por eso este es nuestro mundo construido por nosotros, nuestro plano, donde todo se mueve para nosotros. Son nuestras energías, no la de los demás, y lo que nosotros nos vamos ganando (mediante nuestro esfuerzo), trabajemos lo que trabajemos. ¡Estamos los dos dentro del mismo ciclo!

Un apunte: ojalá antes se nos hubiera movido la cosa de igual manera, porque somos dos personas que han sufrido lo suyo (económicamente), así como muy capaces, trabajadores y luchadores. Pero antes no nos servía. Se ve que debíamos aprender otras tantas cosas. ¡Ahora sí se mueve! ¡Ahora sí conozco! La economía será lo último en resolverse, pero, si viene por nuestros trabajos que nos satisfacen, ¡qué alegría! ¡Y ahora sí lo conseguiremos! Al menos voluntad le pondremos, ji, ji. Ya os contaré.

De momento, él va asentando su trabajo del campo. En primavera conoció a un hombre que tiene trabajo en el campo y le ofreció más meses de trabajo, eso más el corto paro que se cobra. ¡Si le hiciera falta, haría el año! Además, ellos (trabajadores) se han de pagar ese paro agrario para luego cobrarlo, sellos o algo así. ¡Le ofrecía justo lo que él necesitaba y todos a cobrar cada mes, ji, ji! Además, le ofreció aprender muchas cosas, no sólo recoger la oliva, sino otro tipo de árboles y sus necesidades (limpieza, sulfatarlos, etc.). Además, le enseñaría a llevar tractores y maquinaria del campo. Que se tiene que sacar cursos, sí, pero el trabajo ya lo tiene, y la oportunidad también, ji, ji.

¿Sabéis el tiempo que lleva intentando aprender todo lo posible para tener esta oportunidad? Los cursos no se los había sacado porque no le ha sobrado, si no, conociéndolo, lo hubiera hecho. Decía, que en cuanto más uno, esté preparado, más trabajo puede abarcar. ¡Es una verdad contundente! Ji, ji. ¿Sabéis lo que ha luchado por esta oportunidad? Dos años. Tampoco tanto, ¿no? Y, mira, tanto que ha querido formarse y no ha podido y ahora recibe esta oportunidad, y no porque entienda mucho de campo, ¡qué va! Lleva poco por la ineficacia de otros o prosperidad de los mismos (mejores trabajos). La cosa es que el hombre no tiene gente responsable para ese cargo.

¿Queréis saber un secreto? Pero no lo digáis por ahí, ¿vale? Revelo el nombre de mi pareja; ¡recordad que era un nombre que me gustaba mucho! "Cristian" es responsable, trabajador, le gusta hacer bien las cosas, cumplidor. Esa era su baza, lo mejor de sí mismo, y así tuvo la oportunidad. Y al hombre no le importó su dislexia y TDA, como a otros, y mira que ha sido camarero por 17 años, y hasta responsable de uno de ellos. Tantas cosas no se le olvidarían, eso sí, izquierda y derecha las confunde. Menos mal que hay números en las mesas (no en todas), ji, ji, pobrete.

Lo que quiero deciros es que nunca se sabe por dónde puede llegar la oportunidad y que, si estamos acostumbrados a una forma, dejemos de estarlo. Siempre hay personas que nos van a valorar más que otras; ¡lleguemos a ellas! ¡Valoren lo bueno que hay en nosotros y que sí podemos dar! La cuestión es que hay que prepararse lo mejor posible. "Sí".

Que sigamos luchando, "Sí".

Pero no perdáis la esperanza de las cosas (construirlas) porque nunca se sabe por dónde pueden venir, ¡vale!

Mi mundo para mí es maravilloso, así como ver cómo se mueve. Muchas veces ni se ve venir, ¡pero está! Y se desglosa como se conveniente, ji, ji. ¡Hasta a mí me sorprende!

Capítulo 50

Hermanas

He intentado ser lo más respetuosa posible y omitir cosas que pudieran ser dañinas. He hablado de mi vida en primera persona y no me he adentrado en otras vidas de mi alrededor, por ejemplo, las de mis hermanas. Evidentemente, tenemos nuestras vivencias. Tengo dos hermanas y las quiero y las respeto. Tengo cuatro sobrinos, dos de cada una, ¡a los cuales adoro! Aunque hoy en día no esté con ellos, los he disfrutado mucho de pequeños, pero luego se han hecho grandes, y con todo lo que me ha pasado a mí, crecieron y casi no me di cuenta. Los veo muy poco y me gustaría que fuera más a menudo. Me he perdido cosas, pero no podía hacerlo diferente. Siempre pensé poder disfrutar de ellos más en un futuro. Al menos lo intentaré… Ese momento está llegando, ji, ji.

¡Cuántas ganas tengo de compartir cosas bonitas con los míos!

Capítulo 51

Presente

Otra estación se cierra: verano. Estoy poniendo el punto final. Todo ha ido acorde; es un empezar de mi trabajo al público, pero también cierro una parte de mí de muchísimo trabajo, esfuerzo y sufrimiento (cada vez menor) para llegar hasta aquí.

Energéticamente, ya tengo buenas bases (raíces) y ahora son inamovibles. Están bien arraigadas. ¡Y ahora a crecer, tanto en mi vida personal como en mi trabajo! Ambos son el complemento de mí.

Otro ciclo (año) se cierra y otro se abre. Éste fue terminar mi libro y sacarlo para vosotros. Para mí, es como si hubiera sido un embarazo y ahora el parto, ji, ji. Es algo de tan adentro, muy mío y personal, que nuca pensé tener que compartirlo con nadie, y menos gente que no conozco. Me ha costado escribirlo porque revivir momentos tan difíciles y duros (todo superado) me ha entristecido muchísimas veces, pero tenía que hacerlo para vosotros y mostraros el camino, sí o sí. Al menos a intentarlo, y aquí empieza mi camino "real". He engrandecido mi vida personal y a mí misma.

Reflexiones

Hablando energéticamente, ¡a la vida hay que irla empujando y buscar huecos por donde salir! ¡Si no, nos acorrala y nos empequeñece!

Mi cuerpo funciona 100% a la vez. He ido integrando (adhiriendo, pegando, enganchando) mi ser interior (energía) a mi cuerpo físico y engrandeciéndolo por dentro, para así no desampararlo (dejarlo solo) y, a la vez, alimentarlo (regenerar mi organismo). De esta manera no se puede separar el uno del otro como antes (evolución energética).

Hablando físicamente, y esta soy yo, la verdadera (original evolucionado), 100%. La base, mi niñez y la suma, de todo lo aprendido es un buen complemento. Hay que ser lo más puros posibles sin escondernos (sin carcasas). ¡No tenemos por qué hacerlo! ¡Una vez que tomemos conciencia de todo, entendamos y, sobre todo, nos enfrentemos a nosotros mismos, resolvamos! ¡No tendremos miedos innecesarios ni ganas de defendernos de malas maneras y ahí veréis realmente quiénes sois en realidad! No tengáis miedos, salid de vuestro cascaron y mostraros tal y cómo sois. Los miedos son limitaciones, ¡a romperlos!

De lo malo, sacad el aprendizaje y el resto lo desecháis para que nos estorbe, obstruya vuestro interior y, sobre todo ¡no haga que os escondáis!

Además, cuál ha sido mi sorpresa cuando, a pesar de seguir el camino físico (para poder estar más con los míos), ¡no perdí mi espiritualidad! Cada día me ha llevado menos de mí (trabajo, desgaste en mi cuerpo) y así puedo hacer una vida más normal y sólo abrirme (energéticamente) a lo que se necesite, sin estar todo el día expuesto a ese plano (sintiéndote mal), sobre todo cuando curo (abro y cierro). Eso sería estupendo para todos los que se mueven de esta manera, ¿verdad? ¡Pues es posible sentir sólo lo que debemos, no todo a nuestro alrededor! Pero eso, amigos, es otro largo camino y decisiones a tomar (y otro libro). Me da mucha tristeza los que sufren por sus dones.

Yo respeto a todo el mundo y no me abro a ellos, a no ser que me necesiten o me lo pidan, y eso deberíamos hacerlo todos: respetar. Así, a la vez, no cohibimos a las personas cuando estén con nosotros, ji, ji, ¿no creéis?

No somos más que nadie, sólo tenemos sabidurías distintas. Todos venimos del mismo lugar, todos somos especiales, cada uno en su esencia y enseñanza. ¡Quizás por eso no la perdí y evolucionó, al igual que yo! Tuve mi regalo (recompensa) sin buscarlo. ¡Me alegro, así podré ayudar!

Además, al estar tan engrandecida por dentro, ya no tengo que trabajar mentalmente (viajar), sino que a través de mí (físico) alcanzo todo. O sea, puedo conectar con todo desde mí. ¡Por eso se puede mover todo a través de mí! A la vez, una vez alcanzado este nivel (engrandecido), por así decirlo, cada día con nuestro esfuerzo hacemos que vaya más rápido.

Nuestra radiación (energética) alcanza todo y podemos enlazar. Nuestro reloj biológico cuenta, y de esa manera somos uno con todo(planeta). Por así decirlo, sale a través de mí (energía), yo no me voy a ningún lugar. Al contrario, desde mí puedo llegar a cualquier lugar. Estupendo, ji, ji.

Y debo ser muy física, que este es mi trabajo (conseguirlo). ¡Disfrutad de quién somos en realidad desde nuestro cuerpo!,¡que es el plano donde debemos estar!, uno terrenal; aquí y ahora (completos) en el presente. Porque así no nos abandonamos, y eso es lo que debemos hacer.

Espero que hayáis comprendido un poco lo que he querido mostraros (trasmitir). ¡Mi mundo ha sido todo un regalo para mí!

Sobre estos temas más espirituales, viajes, conocimientos, planos, sanar, energía, evolución, etc., y cómo afecta a nuestro cuerpo, o cómo hacemos funcionar a nuestro ser, escribiré un libro dedicado a ello, con más profundidad, para explicar tanta variedad de antiguo a nuevo, el camino y mis experiencias. La espiritualidad también tiene su evolución, ¡como todo! Así, cada uno elegirá si desea leerlo (experimentar, conocer) o no. Porque hay mucho que decir y ahora no es el momento, ji, ji.

Así podré ayudar a personas con dones que sufren mucho en su vida porque les lleva mucho de ellos mismos. Me daría alegría poder ayudarlos y que conozcan otras opciones y otras formas de vivir. ¡Lo sé porque a mí me pasó! ¡Estar entre dos vidas no es fácil y se sufre!

Sí habéis observado, cada estación trabajaba algo distinto derivado de mi trabajo, ¡este es su año! Por eso he sido tan explícita, para qué veáis cómo se mueven los acontecimientos, la Tierra (sus estaciones) y por qué ocurre así.

La Tierra está en constante movimiento, así debemos estar nosotros para no obstruir ni degenerar nuestro organismo ni nuestras vidas. ¡Despertad vuestro reloj biológico!

*****Mi presente... "Mi destino" *****

La definición de mí y de mi vida ya está empezando a realizarse. Ahora sí es mi momento y estoy en mi presente.

Espero que hayáis comprendido que a través de las energías se llega a lo físico. Así sí vale la pena conocerlas, conocernos más, vivir en nuestro plano terrenal y ser lo más físicos posible, porque es aquí donde estamos.

Estoy conectada a la Tierra y voy a la vez que ella desde hace unos cuantos años, por eso las estaciones ayudan. Ya no son decisiones, tomemos la estación, que abre y cierra cuando ella debe hacerlo, y en ese momento nuestras decisiones actúan en ese proceso, ni antes ni después; tienen su tiempo y nomás van rápido y no se llega al deterioro de las cosas.

Todo es un proceso y depende en qué evolución se encuentre la persona y qué cosas tenga que trabajar (aprender). Lo importante es llevar su vida a presente; así todo marchará más rápido. La rapidez la damos nosotros con nuestro proceso de avanzar. Esta es la grandeza de la vida, ¿no creéis?

A la propia vida (esencia), milagro, yo le llamo regalo. Es un regalo poderla vivir, y mejor más sanitos para no sufrir tanto, ¿verdad? Y más si encima tenemos para disfrutarla, ¿verdad? Ji, ji.

Todo está en nuestras manos, todo se nos ha dejado. ¡Somos nosotros los que no lo aprovechamos! ¡Y encima nos quejamos! ¡Nadie nos ha abandonado! ¡Tenemos todo lo que necesitamos aquí! ¡Cambiemos las miras, veamos las cosas de otra manera! ¡Profundicemos en nosotros y en la vida! ¡Depende de nosotros alcanzarlo! ¡Esforcémonos! ¡En el esfuerzo está la riqueza (recompensa)! ¡Para producirse fuera se ha de estar primero dentro! ¡Cuántos regalos nos esperan! ¡Vamos a por ello!

Si entendierais cómo se mueven las cosas, conceptos, enfermedades, situaciones, sabríamos por qué pasa y de dónde viene. Nos resultaría más fácil entender la vida y así sobrellevarla mejor, en vez de chocar con ella (enfadándonos y quejándonos) y las cosas que nos ocurren y su trascendencia.

¡Sé que muchos sabréis a vuestra forma! Escucharos, porque todo tiene un desglose, para bien o para mal. Hay que identificarlo y cortar pronto ese desglose, si va para mal. Eso sí podéis hacerlo.

Yo he vivido con mi familia todo esto. He crecido con ellos, los conozco, sé cómo son y con todo lo que he ido aprendiendo (energéticamente) en el camino me he dado cuenta de muchas cosas. Por ejemplo, las enfermedades de mis seres queridos, por desgracia, han sido bastante graves, y sé por qué se han enfermado. Por respeto a ellos, a mi familia y sus enfermedades, he dicho lo justo.

Para la ciencia, la enfermedad existe y tiene un nombre, pero yo sé cómo ha llegado ahí (emocionalmente). Así, sucesivamente, el organismo se va enfermando. Pero también se tiene que "crear" la enfermedad. Y ese es mi trabajo: identificarlo y no dejar que se cree.

¿Sabéis que cuando vamos sanando por dentro llega un momento que una voz alta no podréis dar y ni un enfado gordo podréis tener? Vuestro cuerpo ya no os deja tener esa intensidad. Por consiguiente, estáis cuidándolo más. ¡Imaginaos lo blanditos que somos! Y lo mal que lo tratamos, ¿verdad? Pero mientras todo no lo traguemos, ¡todo vale! No nos damos cuenta. ¡Escucharos, por favor!

Con los procesos de la vida, nuestras vivencias y dificultades que nos va poniendo la vida debemos irlas afrontando y superando. Si no fuera así, nuestro organismo, nos pasaría factura. Debemos ir creciendo ante las dificultades y así sanar nuestro cuerpo. Sé que es difícil, pero hay que irlo haciendo, si no. el precio podría ser muy alto. Tenedlo en cuenta. A veces no hay marcha atrás.

Capítulo 52

¿Enfermedad o genes heredados?

Me gustaría haceros un apunte sobre el ADN, genes que heredamos y se manifiestan en nuestra personalidad y enfermedades. ¡No paro de escuchar que eso se hereda y ya! No entiendo mucho del tema (científicamente), pero sí energéticamente. ¡Yo he vivido otra cosa! Se pueden cambiar cosas. Lo he vivido en mí misma.

Personalidades padres; cuánto más avanzo en la vida, más salen sus rasgos. Los buenos los dejo, pero los no muy buenos, o los que no van conmigo, intento cambiarlos. Cuesta, eh. Ejemplo: ¡Carácter fuerte y perfeccionista! Papá, ji, ji. ¡Quererse llevar sí o sí las cosas a su terreno! ¡Vamos a querer llevar siempre razón! ¡Cabezones! ¡Todo está mejor si lo hacen a su manera! ¡Meticulosos! ¡Los muy, muy, trabajadores miran más por el trabajo que por su cuerpo! Todo ello se agrava con la edad, ji, ji, y, a su vez, crea enfermedad y aparecen los dolores.

¡Yo no quería acabar así! Lo he tenido que ir variando (regenerando) y me ha costado mucho porque está muy arraigado (enganchado) en nosotros. ¿Cómo? Engrandeciéndome por dentro (ser energético) y variando mi organismo y, por supuesto, cambiando de pensamientos y de vida. Nuestro ser energético está por encima de nuestro organismo y puede variar cosas. ¿Cuántas? No sé. No me he metido en profundidad en este tema porque no lo he necesitado, pero seguro que con el tiempo abarcaré más este tema. Ya sabéis que me gusta hablar de lo que he vivido, ¡no de lo que no! Y este es un tema muy, muy, importante para tenerlo en cuenta. Al menos, ya tenéis un comienzo.

Sé lo que viví porque algunas situaciones pasaron por mí. ¡Tenedlo en cuenta! Y por eso os quiero explicar un poco el caso de un familiar. Tengo otra tía queridísima por mí; es muy buena y trabajadora. Cuando tuve a mi niña, ella venía mucho a verme, me ayudaba y me orientaba en cómo cuidar a mi nena. Ya sabéis que la experiencia es un grado. A mi madre también la tenía y la he tenido siempre para mi hija. Ella es tía política, pero eso no importa. La vida nos ha juntado, a veces más y otras no tanto. Pero no por eso he dejado de querer saber de ella y quererla. Ya he dicho que es muy buena y ayuda en lo que puede a los demás. Ha sufrido muchísimo en esta vida, y a eso iba, a su enfermedad. Tiene una enfermedad en los riñones y es hereditaria; en su familia algunos la tienen. Ella se lo ha heredado a uno de sus hijos, a otro no.

Desde hace unos cuantos años, ella se hace sus diálisis y en un par de ocasiones ha sido trasplantada, pero no termina de cuajar. Pobrecita. Mi tía, como cualquiera, tiene su vida con sus propios problemas y es muy sufridora. ¡Le tocó así, verdad! Ahora quiero dar mi opinión, energéticamente. Pero ¿y si ella hubiera cambiado su vida de otra forma? ¿Y si hubiera buscado su propia felicidad más que la de los demás? Sin pisar a nadie, evidentemente. Hay que apartar el "no pisar". Nuestra felicidad no está por encima de la del prójimo. Tenedlo en cuenta. A lo mejor su vida no hubiera sido así, o a lo mejor la enfermedad hubiera sido menor, o a lo mejor la enfermedad hubiera aceptado mejor los trasplantes. ¿Y si ella hubiera cogido otro camino? ¡Quién sabe si su hijo hubiera heredado algo!

Estas son preguntas que debemos hacernos, porque las enfermedades se agravan más dependiendo de nuestras vidas personales. Además, si algo se puede cambiar, ¡hay que probarlo! ¡Démonos la oportunidad!

¡La quiero muchísimo y no me gusta verla sufrir! Olé, tita, eres una campeona y un ejemplo por seguir sobre cómo llevar una enfermedad tan grave. ¡Eres una valiente!

Hay que parar "la genética enferma". ¡Cambiadlo, por favor!

Capítulo 53
Familia

A lo que venía explicando sobre enfermedades, con los años yo veía que mi familia se iba enfermando. Les avisaba de que no hay que tomarse las cosas así, que a cada cosa hay que darle la justa importancia, porque luego nos trae consecuencias. ¡Todo lo que sentís os afecta interiormente a vosotros! ¡De verdad, no vale la pena, y más si no podéis cambiar ni la circunstancia ni a la persona!

Los padres también tienen que dejarse orientar por los hijos, y mira que somos tres. Un poco de una y de otra; les fue bien, ji, ji. En realidad, evolucionaron mucho, pero hasta donde se ha podido.

Hay personas que pueden cambiar y otras que no pueden. Si su trabajo por realizar en la vida es ese, no se puede cambiar. ¡Ojo! Ellos mismos no lo desean o tienen un tope de aprendizaje por este mismo motivo. Pero es muy triste ver cómo se enferman y se van consumiendo y no puedes hacer más. Pero hay que seguir hacia adelante y sacarles una sonrisa para que intenten vivir cosas bonitas al menos.

Por eso he llegado hasta el día de hoy. Quizás pueda ayudaros más a vosotros, de lo que pude ayudar a mi familia. Aunque creo que ha sido al revés, pues ellos me han ayudado a mí viendo a través de sus enfermedades. Además, ese era su propósito de vida, que yo me diera cuenta de ello para poderlo explicar. Me apena muchísimo verlos sufrir, pero son valientes y buenos enfermos; tienen una voluntad, de hierro. Me quito el sombrero ante ellos, pues lo aceptan y tiran hacia adelante. Chapó por ellos. Familia, os quiero y os admiro, ante todo, por lo que vivís cada día. Y por eso yo no he de perder mi sonrisa, ellos no la pierden. Seguid hacía adelante para llegar a vosotros, a mi destino (propósito de vida).

Y para mí (opinión), reconocimiento y valorado sufrimiento de los míos, porque así ha sido parte de sus vidas, como cualquier otra vida de cualquier otro ser humano, ni mejores ni peores.

Reflexiones

Ánimo por los que no quieren ni pueden cambiar, y ánimo por los que sí pueden y quieren cambiar y por nuestra evolución futura para poder hacerlo mejor los unos con los otros. Si mejoramos nuestro alrededor, nuestra vida será mejor. Creo que vale la pena intentarlo. ¿No lo veis vosotros así?

¡Podríamos hacer una reflexión de nosotros! ¿Estamos contentos con nosotros mismos? ¿Tenemos paz? ¿Por qué nos enfermamos? ¡Hacia dónde van nuestras vidas!, ¿nos gustan? ¿Por qué nos va como nos va? ¿Podríamos mejorarla? Parad y solucionar. Ánimo; si no lo intentáis, nunca os terminaréis de conocer y nunca sabréis qué hubiera pasado.

Ahora que sabéis, ¿podréis vivir con la duda? Ji, ji. Yo estaré aquí enseñándoos el camino a través de mis cursos. Recordad que el mío fue más largo, pero yo lo he simplificado mucho para vosotros, ¡por ello mi evolución!

¡No estáis solos! Al igual que yo, hay personas que os pueden ayudar, según vuestra evolución y necesidad de vuestro camino. Recordad: dejaros ayudar, pues no es signo de debilidad, al contrario, ¡es de fortaleza! Allí donde no llegáis, dejad a otros que lleguen. ¡Aceptarlo ya es de valientes! Tranquilos si luego os pasaran la batuta (vuestro relevo), ji, ji. ¡Quereros con humildad! Eso siempre será bueno para vosotros y ahí os veréis de cara, tal como sois.

La vida es difícil, sí, pero también depende de cómo la veamos y la tomemos. Así también pueden variar nuestras circunstancias. Luchemos, engrandezcamos más lo bueno y empequeñezcamos lo malo; todo dependerá de en qué momento de aprendizaje nos encontremos.

¡Por favor, avancemos y creemos un futuro mejor! Empezando por ser mejores con nosotros mismos. Atreveros a conocer vuestro mundo interior, es maravilloso, ¡sois maravillosos! ¡Os aseguro que vale la pena valorarlo!

Espero haberos sido de ayuda y un poquito de ejemplo de que el que la sigue, la consigue, ji, ji. Un abrazo muy fuerte y con mucho cariño para todos vosotros.

Ya os iré contando mis próximas aventuras, sobre todo de mi trabajo, ji, ji, que seguro serán mejores que las anteriores, ¡ya que ahora yo creo mi futuro más rápidamente! Ya voy un a un sueño por año cumplido; no está mal, ji, ji.

Mucho ánimo, compañeros de viaje, ¡a seguir para adelante! ¡Aúpa! Hasta pronto. Estaros pendientes de mis redes sociales porque allí diré cuándo salen los cursos y dónde, así como los próximos libros que escribiré. Esa será la forma de ponernos en contacto para que sepáis de mí y pueda seguir ayudándolos. Muchísimas gracias a todos.

Ahora, en mi presente, mi familia me está esperando, justo cuando entrego mi manuscrito. Ellos harán el libro, ji, ji.

Me avisaron de la editorial que se acaba el plazo este mes. ¡Se saturaron de faena! Si quería sacarlo este año, debía ser en este plazo. Uff, ¡menos mal que yo ya estoy! Justo a tiempo. Este es su momento. ¡Olé!

Subo a Barcelona. Van a volver a operar a mi madre. Esta vez intentarán recoger muestras para ver si consiguen saber de dónde le viene el dolor. ¡A ver si esta vez lo consiguen! Pobreta mía, al menos es una nueva oportunidad. Allí estaré con ella, pues me necesita.

Y al trabajo de la pescadería puedo incorporarme a la vuelta, si así yo lo decido; me han dado esta oportunidad. ¿Veis?

Todo cuadra, no he necesitado elegir. Las piezas se van colocando y todo se va dando favorable a mi momento, ¡y eso es grande y muy bonito a la vez!

Aun así, necesitamos ayuda de los demás, como mi padre me ayuda a subir (Barcelona). Gracias, papi. Te quiero mucho por todo lo que me has dado y me das. Gracias a ti y a la grandeza de tu corazón he podido terminar con el último plazo de mi libro; olé.

Llevo 8 meses sin subir. No me ha sido posible trabajo (fuera y dentro de casa), costo libro. ¡Y tengo unas ganas que para qué!

Al fin, levanto cabeza de la escritura y podré desenganchar. La recta final ha sido horas y horas intentando que quede lo más perfecto y entendible posible. ¡Eso ya lo apreciaréis vosotros! ¡Qué odisea he vivido, ji, ji!

Pobrete de mi pareja; ni caso le hago, sólo lo justo. Me ha dado toda la libertad que he necesitado. ¡Gracias, guapo! Si hubiera sido al revés, no sé, ¡eh! Je, je. Seguramente, otro gallo cantaría, ji, ji

¡Qué alegría! ¡Me voy a dar un merecido descanso! Unas minivacaciones y a disfrutar de mis seres queridos. Ahora que ya terminé, qué paz y tranquilidad me voy a dar a mí misma, y un poquito de "vida". Ya toca, je, je.

Y, a la vez, un empezar… ¡Ciclo nuevo, mi libro al público!

Reflexiones

Este verano concluye mi libro. Tengo los nervios a flor de piel, un poquito, ji, ji. He abierto mi corazón y los momentos más duros y difíciles de mi vida. ¡Pero también fue ahí donde me encontré en realidad! ¡Ha valido la pena pasar por ello!

Mi propósito ha sido trasmitir a través de mi vida y vivencias. Mi crecimiento personal primero, como cualquier persona, y, segundo, a través de la energía, lo que somos en realidad por dentro.

Espero haber explicado todo lo que debía decir y que tuviera trascendencia en este libro. He intentado ser escueta, aunque a veces me ampliara en exceso por dejar más clara la situación. Porque en realidad tengo tanto que decir, ji, ji, y ojalá no se me haya olvidado algo con relevancia ni haya sido muy densa y repetitiva. ¡Lo siento de antemano, si os lie un pelín! Ji, ji. Pero era la forma de poneros en una situación, que vierais el movimiento energético, su trascurso, lo que causa en nosotros y, por consiguiente, nosotros con el exterior (planeta).

A veces, da igual cómo esté el patio (mundo físico). No tiene por qué afectarnos en su totalidad, si construimos el nuestro dentro del de todos. ¡Es lo que he querido mostrar, ni más ni menos! Otra vida como muchas otras.

Espero que os sea fácil leerlo y entender un poquito la compresión de hacia dónde he querido llevaros, ji, ji.

Sé que muchos conceptos, sobre todo energía, no entenderéis, pero no pasa nada, mientras que lo entendáis en concepto físicos, como comportamientos, decisiones (crecimiento personal), etc. ¡Creo que ya estará bien! Y con eso bastará para que toméis el paso de cambiar, ji, ji.

Recordad que la energía existe, que funciona a través de nosotros (de adentro hacia afuera) y que somos más que un cuerpo físico, mucho más; somos energía. Por ello vivimos vida tras vida. ¡No temáis al último aliento, lo que viene es mucho mejor! Dicho está. ¡Al tener conocimiento de ello despertaréis ese lado, si así lo deseáis!

Esperaré, vuestra opinión, ji, ji. ¿Gustará? ¿Será legible? ¿Llegaré a vosotros? ¿Funcionará el libro y podré ayudar desde aquí? ¿Se molestará alguna persona por lo que he puesto aquí? Estas son preguntas que me hago y la respuesta me la daréis vosotros. ¡Cuando salga ya me responderé! Ji, ji.

Conocimiento de las energías en profundidad, conocimiento de nosotros energéticamente, conocimiento del planeta energéticamente para así, a su vez, poderlo utilizar en nosotros y en nuestras vidas, atravesando la energía a lo físico. Así podemos cumplir muchos sueños.

Redes sociales

https://www.facebook.com/yolanda.exposito.961

Instagram: nuevoamanecerandaluz

www.ingramcontent.com/pod-product-compliance
Lightning Source LLC
Chambersburg PA
CBHW060112170426
43198CB00010B/867